CHOIX
DE CANTIQUES

Tirés de recueils
approuvés par l'autorité Ecclésiastique ;

PAR UN AUMÔNIER DE SOLDATS.

Vous chanterez des cantiques , comme
aux jours de fêtes solennelles ; et
votre cœur sera dans la joie.

Isaïe. chap. 30. v. 29.

LYON ,

IMPRIMERIE DE A. MOTHON,
rue St-Dominique , 13.

1850.

PRIÈRE A MARIE.

Souvenez-vous, ô très miséricordieuse Vierge Marie ! qu'on n'a jamais ouï dire qu'aucun de ceux qui ont eu recours à votre protection, imploré votre assistance et sollicité vos suffrages, ait été abandonné. Animés de cette confiance, ô Reine des vierges et notre mère, nous accourons à vous, nous nous réfugions auprès de vous, et gémissant sous le poids de nos péchés, nous nous tenons prosternés à vos pieds. Très sainte Mère de Dieu, ne méprisez pas nos prières, mais soyez-y propice, exaucez-les, et intercédez pour nous auprès de votre divin Fils. Ainsi soit-il.

O Marie, conçue sans péché !
priez pour nous qui avons recours à vous.

EXERCICES DU CHRÉTIEN.

Prière du matin.

Au nom du Père, et du Fils, et du St-Esprit. Ainsi soit-il.

Très sainte et très auguste Trinité, Dieu seul en trois personnes, je crois que vous êtes ici présent. Je vous adore avec les sentiments de l'humilité la plus profonde, et vous rends de tout mon cœur les hommages qui sont dus à votre souveraine Majesté.

NOTRE PÈRE, qui êtes aux cieux, que votre nom soit sanctifié ; que votre règne arrive ; que votre volonté soit faite en la terre comme au ciel ; — donnez-nous aujourd'hui notre pain quotidien ; pardonnez-nous nos offenses, comme nous les pardonnons à ceux qui nous ont offensés ; et ne nous laissez pas succomber à la tentation, mais délivrez-nous du mal. Ainsi soit-il

JE VOUS SALUE, Marie, pleine de grâce ; le Seigneur est avec vous ; vous êtes bénie entre toutes les femmes, et Jésus le fruit de vos entrailles est béni. — Sainte Marie, mère de Dieu, priez pour nous pauvres pécheurs, maintenant et à l'heure de notre mort. Ainsi soit-il.

JE CROIS EN DIEU, le Père tout-puissant, créateur du ciel et de la terre ; et en Jésus-Chrit, son Fils unique, notre Seigneur, qui a été conçu du Saint-Esprit, est né de la Vierge Marie, a souffert sous Ponce-Pilate, a été crucifié, est mort, a été enseveli, est descendu aux enfers, le troisième jour est ressuscité d'entre les morts, est monté aux cieux, où il est assis à la droite de Dieu le Père tout-puissant, et d'où il viendra juger les vivants et les morts ;— Je crois au Saint-Esprit, la sainte Eglise catholique, la communion des Saints, la rémission des péchés, la résurrection de la chair, la vie éternelle. Ainsi-soit-il.

Les Commandements de Dieu.

1. Un seul Dieu tu adoreras
   Et aimeras parfaitement.
2. Dieu en vain tu ne jureras,
   Ni autre chose pareillement.
3. Les Dimanches tu garderas.
   En servant Dieu dévotement.
4. Tes Père et mère honoreras,

Afin de vivre longuement,

5. Homicide point ne seras,
De fait ni volontairement.

6. Luxurieux point ne seras,
De corps ni de consentement.

7. Le bien d'autrui tu ne prendras,
Ni retiendras à ton escient.

8. Faux témoignage ne diras,
Ni mentiras aucunement.

9. L'œuvre de chair ne désireras,
Qu'en mariage seulement.

10. Biens d'autrui ne convoiteras,
Pour les avoir injustement.

Les Commandements de l'Eglise.

1. Les Fêtes tu sanctifieras
Qui te sont de commandement.

2. Les Dimanches Messe ouïras,
Et les Fêtes pareillement.

3. Tous tes péchés confesseras,
A tout le moins une fois l'an.

4. Ton Créateur tu recevras,
Au moins à Pâques humblement.

5. Quatre-Temps, Vigiles, jeûneras,
Et le Carême entièrement.

6. Vendredi chair ne mangeras,
Ni le Samedi mêmement.

Mon Dieu, je vous remercie très hum-

blement de toutes les grâces que vous m'avez faites jusqu'ici. C'est encore par un effet de votre bonté que je vois ce jour ; je vous en consacre toutes les pensées, les paroles, les actions et les peines. Bénissez-les, Seigneur afin qu'il n'y en ait aucune qui ne soit animée de votre amour, et qui ne tende à votre plus grande gloire.

Sainte Vierge Marie, ma mère et ma patronne, recevez-moi sous votre protection. Mon saint Ange gardien, protégez-moi ; mon saint Patron, Saints et Saintes du paradis, priez pour moi afin que je puisse servir Dieu comme vous sur la terre, et le glorifier éternellement avec vous dans le ciel. Ainsi-soit-il.

Prière du soir.

Au nom du Père, et du Fils, et du St-Esprit. Ainsi soit-il.

Mon Dieu, je me présente devant vous, à la fin de cette journée, pour vous adorer par Jésus-Christ, votre très cher Fils, et vous remercier en son nom de toutes les grâces que j'ai reçues de vous.

PATER NOSTER qui es in cœlis, sanctificetur nomen tuum, adveniat regnum tuum, fiat voluntas tua sicut in cœlo et in terra — Panem nostrum quotidianum da nobis hodie; et dimitte nobis debita nostra, sicut et nos dimittimus debitoribus nostris; et ne nos inducas in tentationem, sed libera nos a malo. Amen.

AVE MARIA, gratia plena, Dominus tecum; benedicta tu in mulieribus, et benedictus fructus ventris tui Jesus.

Sancta Maria, mater Dei, ora pro nobis peccatoribus nunc et in hora mortis nostræ. Amen.

JE CONFESSE à Dieu tout-puissant, à la bienheureuse Marie toujours vierge, à saint Michel archange, à saint Jean-Baptiste, aux apôtres saint Pierre et saint Paul, à tous les Saints (et à vous mon Père), que j'ai beaucoup péché par pensées, par paroles et par actions. C'est ma faute, c'est ma faute, c'est ma très grande faute. C'est pourquoi je supplie la bienheureuse Marie toujours vierge, saint Michel archange, les apôtres saint Pierre et saint Paul, et tous les Saints (et vous mon Père) de prier pour moi le Seigneur notre Dieu.

Que le Dieu tout-puissant ait pitié de nous, et qu'après nous avoir pardonné nos péchés, il nous conduise à la vie éternelle. Ainsi soit-il.

Que le Seigneur tout-puissant et miséricordieux nous accorde le pardon, l'absolution et la rémission de nos péchés. Ainsi soit-il.

Acte de Foi. — Mon Dieu, je crois fermement toutes les vérités que la sainte Eglise catholique, apostolique et romaine m'ordonne de croire, parce que c'est vous, ô vérité infaillible, qui les lui avez révélées, et que vous ne pouvez vous tromper, ni nous tromper.

Acte d'Espérance. — Mon Dieu, j'espère en vous, que par les mérites de Jésus-Christ mon Sauveur vous me donnerez votre grâce en ce monde, et, si je suis fidèle à vos commandements, votre gloire dans l'autre, parce que vous me l'avez promis et que vous êtes souverainement fidèle dans vos promesses.

Acte de Charité. — Mon Dieu, je vous aime de tout mon cœur, et pardessus toutes choses, parce que vous êtes infiniment bon, infiniment aimable, et j'aime aussi le prochain comme moi-même pour l'amour de vous.

Acte de Contrition. — Mon Dieu, j'ai un extrême regret de vous avoir offensé parce que vous êtes infiniment bon et que le péché vous déplaît. Je fais un ferme propos, moyennant votre sainte grâce, de n'y plus retomber, d'en éviter les occasions et d'en faire pénitence.

Bénissez, ô mon Dieu, le repos que je vais prendre pour réparer mes forces, afin de mieux vous servir. Vierge sainte, Mère de mon Dieu, et après lui mon unique espérance; mon bon Ange, mon saint Patron, intercédez pour moi; protégez-moi pendant cette nuit, tout le temps de ma vie et à l'heure de ma mort. Ainsi soit-il.

LITANIES DE LA SAINTE VIERGE.

Kyrie, eleison. — Seigneur, ayez pitié de nous.

Christe, eleison. Jésus-Christ, ayez pitié de nous.

Kyrie, eleison. Seigneur, ayez pitié de nous.

Christe, audi nos. Jésus-Christ, écoutez-nous.

Christe, exaudi nos. Jésus-Christ, exaucez-nous.

1.

Pater de cœlis, Deus, miserere nobis,	Père céleste, qui êtes Dieu, ayez pitié de nous.
Fili, redemptor mundi Deus, miserere nobis.	Fils, rédempteur du monde, qui êtes Dieu, ayez pitié de nous.
Spiritus sancte, Deus, miserere nobis.	Esprit saint, qui êtes Dieu, ayez pitié de nous.
Sancta Trinitas, unus Deus, miserere nobis.	Sainte Trinité, qui êtes un seul Dieu, ayez pitié de nous.
Sancta Maria, ora pro nobis	Sainte Marie, priez pour nous.
Sancta Dei Genitrix, ora pro nobis.	Sainte Mère de Dieu, priez pour nous.
Sancta Virgo virginum,	Sainte Vierge des vierges,
Mater Christi,	Mère de Jésus-Christ,
Mater divinæ gratiæ,	Mère de l'Auteur de la grâce,
Mater purissima,	Mère très pure,
Mater castissima.	Mère très chaste,
Mater inviolata,	Mère toujours vierge,
Mater intemerata,	Mère sans tache,
Mater amabilis,	Mère aimable,
Mater admirabilis,	Mère admirable,
Mater Creatoris,	Mère du Créateur,
Mater Salvatoris,	Mère du Sauveur,
Virgo prudentissima,	Vierge très prudente,
Virgo veneranda,	Vierge vénérable,
Virgo prædicanda,	Vierge digne de louange,
Virgo potens,	Vierge puissante auprès de Dieu,
Virgo clemens,	Vierge pleine de bonté,
Virgo fidelis,	Vierge fidèle,
Speculum justitiæ,	Miroir de justice,
Sedes sapientiæ,	Temple de la sagesse éternelle.

Ora pro nobis.

Priez pour nous.

Causa nostræ lætitiæ,		Mère de celui qui fait toute notre joie,
Vas spirituale,		Demeure du St.-Erprit,
Vas honorabile,		Vaisseau d'élection,
Vas insigne devotionis,		Modèle de piété ;
Rosa mystica,		Rose mystérieuse,
Turris Davidica,		Gloire de la maison de David,
Turris eburnea,		Modèle de pureté,
Domus aurea,		Sanctuaire de la charité,
Fœderis arca,		Arche d'alliance,
Janua cœli,		Porte du ciel,
Stella matutina,		Etoile du matin,
Salus infirmorum,		Ressource des infirmes,
Refugium peccatorum,		Refuge des pécheurs,
Consolatrix afflictorum,		Consolatrice des affligés,
AuxiliumChristianorum,		Secours des chrétiens,
Regina Angelorum,		Reine des Anges,
Regina patriarcharum,		Reine des Patriarches,
Rgina Prophetarum,		Reine des Prophètes,
Regina Apostolorum,		Reine des Apôtres,
Regina Martyrum,		Reine des Martyrs,
Regina Confessorum,		Reine des Confesseurs,
Regina Virginum,		Reine des Vierges,
Regina Sanctorum omnium:		Reine de tous les Saints,
Regina sine labe concepta.		Reine conçue sans péché,

(Ora pro nobis. / Priez pour nous.)

Agnus Dei, qui tollis peccata mundi, parce-nobis Domine. — Agneau de Dieu, qui effacez les péchés du monde, pardonnez-nous, Seigneur.

Agnus Dei, qui tollis — Agneau de Dieu, qui effa-

peccata mundi, ex-audi nos, Domine.

cez les péches du monde. exaucez-nous, Seigneur.

Agnus Dei, qui tollis peccata mundi, miserere nobis.

Agneau de Dieu, qui effacez les péchés du monde, ayez pitié de nous.

Christe, audi nos.

Jésus, écoutez-nous.

Christe, exaudi nos.

Jésus, exaucez-nous.

℣. *Ora pro nobis, sancta Dei Genitrix.* ℟. *Ut digne efficiamur promissionibus Christi.*

℣. Priez pour nous, sainte Mère de Dieu; ℟. Afin que nous soyons rendus dignes des promesses de J.-C.

ORATIO.

Concede nos famulos tuos, quæsumus, Domine Deus, perpetua mentis et corporis sanitate gaudere : et gloriosa beatæ Mariæ semper virginis intercessione, à præsenti liberari tristitia, et æterna perfrui lætitia. Per Dominum.

ORAISON.

DIEU de bonté, accordez à notre faiblesse les secours de votre grâce; et faites que par l'intercession de la sainte Mère de votre Fils, dont nous honorons la mémoire, nous puissions nous relever de nos iniquités : Nous vous en supplions par le même J.-C. N. S. Ainsi soit-il.

Prière de la Messe.

Au nom du Père, et du Fils, et du St-Esprit. Ainsi soit-il.

C'est en votre nom, adorable Trinité, c'est pour vous rendre l'honneur et les hommages qui vous sont dus, que j'assiste au très saint et très auguste Sacrifice. Permettez-moi, divin Sauveur, de m'unir d'intention au Ministre de vos autels, pour offrir la précieuse Victime de mon salut, et donnez-moi les sentiments que j'aurais dû avoir sur le Calvaire, si j'avais assisté au sacrifice sanglant de votre Passion.

Je m'accuse devant vous, ô mon Dieu! de tous les péchés dont je suis coupable. Je m'en accuse en présence de Marie, la plus pure de toutes les vierges, de tous les Saints et de tous les Fidèles ; parce que j'ai péché en pensées, en paroles, en actions, en omissions, par ma faute, oui, par ma faute et par ma très grande faute: c'est pourquoi je conjure la très-sainte Vierge et tous les Saints de vouloir intercéder pour moi.

Seigneur, écoutez favorablement ma prière, et accordez-moi l'indulgence, l'absolution et la rémission de tous mes péchés.

KYRIE, ELEISON.

Divin Créateur de nos âmes, ayez pitié de l'ouvrage de vos mains ; Père miséricordieux, faites miséricorde à vos enfants.

Auteur de notre salut, immolé pour nous, appliquez-nous les mérites de votre mort et de votre précieux sang.

Aimable Sauveur, doux Jésus, ayez compassion de nos misères, pardonnez-nous nos péchés.

Gloria in excelsis Deo; Et in terra pax hominibus bonæ voluntatis. Laudamus te. Benedicimus te. Adoramus te. Glorificamus te. Gratias agimus tibi propter magnam gloriam tuam. Domine Deus, Rex cœlestis, Deus pater omnipotens. Domine, Fili unigenite, Jesu Christe. Domine Deus, agnus Dei, Filius Patris. Qui tollis peccata mundi, miserere nobis. Qui tollis peccata mundi, suscipe deprecationem nostram. Qui sedes ad dexteram Patris, miserere nobis. Quoniam tu solus Sanctus. Tu solus Dominus. Tu solus Altissimus, Jesu Christe. Cum Sancto Spiritu in gloria Dei Patris.

Amen.

Gloire à Dieu au plus haut des cieux ; Et paix aux hommes de bonne volonté sur la terre. Nous vous louons. Nous vous bénissons. Nous vous adorons. Nous vous glorifions. Nous vous rendons grâces, en vue de votre gloire infinie. O Seigneur Dieu, Roi du ciel, ô Dieu Père tout-puissant. O Seigneur, Fils unique de Dieu, Jésus-Christ. O Seigneur Dieu, Agneau de Dieu, Fils du Père. O vous qui effacez les péchés du monde, ayez pitié de nous. O vous qui effacez les péchés du monde, recevez notre prière. O vous qui êtes assis à la droite du Père, ayez pitié de nous. Car vous êtes le seul Saint. Le seul Seigneur. Le seul Très-Haut, Jésus-Christ. Avec le Saint-Esprit en la gloire de Dieu le Père.

Ainsi soit-il.

ORAISON.

Accordez-nous, Seigneur, par l'intercession de la sainte Vierge et des Saints
que nous honorons, toutes les grâces
que votre Ministre vous demande pour
lui et pour nous. M'unissant à lui, je
vous fais la même prière pour ceux et
celles pour lesquels je suis obligé de
prier, et je vous demande, Seigneur,
pour eux et pour moi, tous les secours
que vous savez nous être nécessaires,
afin d'obtenir la vie éternelle. Au nom
de Jésus-Christ Notre-Seigneur. Ainsi
soit-il.

ÉPÎTRE.

Mon Dieu, vous m'avez appelé à la
connaissance de votre sainte loi, préfé-
rablement à tant de peuples qui vivent
dans l'ignorance de vos Mystères. Je l'accepte de tout mon cœur cette divine loi,
et j'écoute avec respect les sacrés oracles
que vous avez prononcés par la bouche
de vos Prophètes. Je les révère avec
toute la soumission qui est due à la parole d'un Dieu, et j'en vois l'accomplis-
sement avec toute la joie de mon âme.

Que n'ai-je pour vous, ô mon Dieu !

un cœur semblable à celui des Saints de
votre ancien Testament ! Que ne puis-je
vous désirer avec l'ardeur des Patriarches , vous connaître et vous révérer
comme les Prophètes , vous aimer et
m'attacher uniquement à vous comme
les Apôtres !

ÉVANGILE.

Ce ne sont plus , ô mon Dieu ! les
Prophètes ni les Apôtres qui vont m'instruire de mes devoirs ; c'est votre Fils
unique , c'est sa parole que je vais entendre. Mais, hélas! que me servira d'a-
voir cru que c'est votre parole, Seigneur
Jésus, si je n'agis pas conformément à
ma croyance ? Que me servira , lorsque
je paraîtrai devant vous , d'avoir eu la
foi sans le mérite de la charité et des
bonnes œuvres ?

Je crois , et je vis comme si je ne
croyais pas , ou comme si je croyais un
Evangile contraire au vôtre. Ne me
jugez pas, ô mon Dieu ! sur cette op-
position perpétuelle que je mets entre
vos maximes et ma conduite. Je crois ,
mais inspirez-moi le courage et la force
de pratiquer ce que je crois. A vous, Seigneur, en reviendra toute la gloire.

Credo in unum Deum, Patrem omnipotentem, factorem cœli et terrœ, visibilium omnium et invisibilium: Et in unum Dominum Jesum Christum, Filium Dei unigenitum. Et ex Patre natum ante omnia secula. Deum de Deo, lumen de lumine, Deum verum de Deo vero; genitum, non factum, consubstantialem Patri, per quem omnia facta sunt. Qui propter nos homines, et propter nostram salutem descendit de cœlis. Et incarnatus est de Spiritu Sancto ex Maria virgine, et homo factus est. Crucifixus etiam pro nobis sub Pontio Pilato; passus et sepultus est. Et resurrexit tertià die secundùm Scripturas: et ascendit in cœlum. sedet ad dexteram Patris: et iterùm venturus est cum gloria judicare vivos et mortuos: cujus regni non erit finis: et in Spiritum Sanctum Domi-

Je crois en un seul Dieu, Père tout-puissant, qui a fait le ciel et la terre, et toutes les choses visibles et invisibles : Et un seul Seigneur Jésus - Christ, Fils unique de Dieu, et né du Père avant tous les siècles ; Dieu de Dieu, lumière de lumière, vrai Dieu du vrai Dieu; qui n'a pas été fait, mais engendré, qui n'a qu'une même substance avec le Père, et par qui toutes choses ont été faites: qui est descendu des cieux pour nous hommes misérables et pour notre salut, et ayant pris chair de la Vierge Marie, par l'opération du Saint-Esprit, a été fait homme; qui a été aussi crucifié pour nous sous Ponce Pilate, qui a souffert et qui a été mis au tombeau ; qui est ressuscité le troisième jour selon les Ecritures ; qui est monté au ciel, qui est assis à la droite du Père; qui viendra de nouveau plein de gloire pour juger les vivants et les morts, et dont le règne n'aura point de fin. Je crois au Saint-

num. et vivificantem, qui ex Patre Filioque procedit : Qui cum Patre et Filio simul adoratur et conglorificatur, qui locutus est per Prophetas : et unam, sanctam, catholicam et apostolicam Ecclesiam. Confiteor unum Baptisma in remissionem peccatorum; et expecto resurrectionem mortuorum, et vitam venturi seculi.

Amen.

Esprit, aussi Seigneur, et qui donne la vie; qui procède du Père et du Fils, est adoré et glorifié conjointement avec le Père et le Fils, qui a parlé par les Prophètes. Je crois l'Eglise qui est une, sainte, catholique et apostolique. Je confesse un Baptême pour la rémission des péchés : et j'attends la résurrection des morts et la vie éternelle.

Ainsi soit-il.

OFFERTOIRE.

Père infiniment saint, Dieu tout-puissant et éternel, quelque indigne que je sois de paraître devant vous, j'ose vous présenter cette Hostie par les mains du Prêtre, avec l'intention qu'a eue Jésus-Christ mon Sauveur, lorsqu'il institua ce Sacrifice, et qu'il a encore au moment où il s'immole pour moi.

Je vous l'offre pour reconnaître votre souverain domaine sur moi et sur toutes les créatures; je vous l'offre pour l'expiation de mes péchés, et en actions de grâces de tous les bienfaits dont vous m'avez comblé.

Je vous l'offre enfin, mon Dieu, cet auguste Sacrifice, afin d'obtenir de votre infinie bonté, pour moi, pour mes parents, pour mes bienfaiteurs, mes amis et mes ennemis, ces grâces précieuses du salut qui ne peuvent nous être accordées qu'en vue des mérites de celui qui est le juste par excellence, et qui s'est fait victime de propitiation pour tous.

PRÉFACE.

Voici l'heureux moment où le Roi des Anges et des hommes va paraître. Seigneur, remplissez-moi de votre esprit; que mon cœur dégagé de la terre ne pense qu'à vous. Quelle obligation n'ai-je pas de vous bénir et de vous louer en tout temps et en tout lieu, Dieu du ciel et de la terre, Maître infiniment grand, Père tout-puissant et éternel !

Rien n'est plus juste, rien n'est plus avantageux que de nous unir à Jésus-Christ pour vous adorer continuellement. C'est par lui que tous les Esprits bienheureux rendent leurs hommages à votre Majesté; c'est par lui que toutes les Vertus du ciel, saisies d'une frayeur respectueuse, s'unissent pour vous glorifier.

Souffrez, Seigneur, que nous joignions nos faibles louanges à celles de ces saintes intelligences, et que, de concert avec elles, nous disions, dans un transport de joie et d'admiration :

SANCTUS.

Saint, Saint, Saint est le Seigneur, le Dieu des armées; tout l'univers est rempli de sa gloire; que les bienheureux le bénissent dans le ciel; béni soit celui qui nous vient sur la terre, Dieu et Seigneur comme celui qui l'envoie.

Nous vous conjurons, au nom de Jésus-Christ, votre Fils et Notre-Seigneur, ô Père infiniment miséricordieux ! d'avoir pour agréable et de bénir l'offrande que nous vous présentons, afin qu'il vous plaise de conserver, de défendre et gouverner votre sainte Eglise catholique, avec tous les membres qui la composent, le Pape, notre Evêque, et généralement tous ceux qui font profession de votre sainte foi.

Nous vous recommandons en particulier, Seigneur, ceux pour qui la justice, la reconnaissance et la charité nous obligent de prier; tous ceux qui sont présents à cet adorable Sacrifice, et singulièrement N. et N. Et afin, grand Dieu! que nos hommages vous soient plus agréables, nous nous unissons à la glorieuse Marie toujours vierge, Mère de notre Dieu et Seigneur Jésus-Christ, à tous vos Apôtres, à tous les bienheureux Martyrs, et à tous les Saints et Saintes du Paradis.

Que n'ai-je en ce moment, ô mon Dieu! les désirs enflammés avec lesquels les SS. Patriarches souhaitaient la venue du Messie! Que n'ai-je leur foi et leur amour! Venez, Seigneur Jésus, venez, aimable Réparateur du monde, venez accomplir un Mystère qui est l'abrégé de toutes vos merveilles. Il vient cet Agneau de Dieu : voici l'adorable Victime par qui tous les péchés du monde sont remis.

ÉLÉVATION.

Verbe incarné, divin Jésus, vrai Dieu et vrai homme, je crois que vous êtes ici présent : je vous y adore avec humilité, je vous aime de tout mon cœur; et comme vous y venez pour l'amour de moi, je me consacre entièrement à vous.

J'adore ce Sang précieux que vous avez

répandu pour tous les hommes , et j'espère, ô mon Dieu ! que vous ne l'aurez
pas versé inutilement pour moi.

Faites-moi la grâce de m'en appliquer
les mérites. Je vous offre le mien , aimable Jésus, en reconnaissance de cette
charité infinie que vous avez eue de
donner le vôtre pour l'amour de moi.

Quelles seraient donc désormais ma
malice et mon ingratitude , si , après
avoir vu ce que je vois , je consentais à
vous offenser ! Non, mon Dieu , je n'oublierai jamais ce que vous me représentez
par cette auguste cérémonie : les souffrances de votre Passion , la gloire de
votre Résurrection , votre Corps tout
déchiré, votre Sang répandu pour nous,
réellement présents à mes yeux sur cet
Autel.

C'est maintenant , éternelle Majesté ,
que nous vous offrons de votre grâce vé-
ritablement et proprement la Victime
pure , sainte et sans tache qu'il vous a
plu de nous donner vous-même, et dont
toutes les autres n'étaient que la figure.
Oui , grand Dieu , nous osons vous le
dire, il y a ici plus que tous les sacrifi-

ces d'Abel, d'Abraham et de Melchisédech, la seule victime digne de votre autel, Notre-Seigneur Jésus-Christ votre Fils, l'unique objet de vos éternelles complaisances.

Que tous ceux qui participent ici de la bouche ou du cœur à cette sacrée Victime, soient remplis de sa bénédiction.

Que cette bénédiction se répande, ô mon Dieu! sur les âmes des fidèles qui sont morts dans la paix de l'Eglise, et particulièrement sur l'âme de N. et de N. Accordez-leur, Seigneur, en vue de ce Sacrifice, la délivrance entière de leurs peines.

Daignez nous accorder aussi un jour cette grâce à nous-mêmes, Père infiniment bon, et faites-nous entrer en société avec les saints Apôtres, les saints Martyrs et tous les Saints, afin que nous puissions vous aimer et vous glorifier éternellement avec eux. Ainsi soit-il.

PATER NOSTER.

Que je suis heureux, ô mon Dieu! de vous avoir pour Père! que j'ai de joie de songer que le Ciel où vous êtes, doit être un jour ma demeure! Que votre saint nom soit glorifié par toute la terre. Régnez absolument sur tous les cœurs et sur toutes les volontés. Accordez à vos enfants la nourriture spirituelle et corporelle. Nous pardonnons de bon cœur; pardonnez-nous, soutenez-nous dans les tentations et dans les maux de cette misérable vie; mais préservez-nous du péché, le plus grand de tous les maux. Ainsi soit-il.

AGNUS DEI.

Agneau de Dieu, immolé pour moi, ayez pitié de moi; Victime adorable de mon salut, sauvez-moi; divin Médiateur, obtenez-moi ma grâce auprès de votre Père, donnez-moi votre paix.

COMMUNION.

Qu'il me serait doux, ô mon aimable Sauveur! d'être du nombre de ces heureux chrétiens, à qui la pureté de conscience et une tendre piété permettent d'approcher tous les jours de votre sainte Table!

Quel avantage pour moi, si je pouvais en ce moment vous posséder dans mon cœur, vous y rendre mes hommages, vous y exposer mes besoins, et participer aux grâces que vous faites à ceux qui vous reçoivent réellement. Mais puisque j'en suis très indigne, suppléez, ô mon Dieu! à l'indisposition de mon âme. Pardonnez-moi tous mes péchés; je les déteste de tout mon cœur, parce qu'ils vous déplaisent. Recevez le désir sincère que j'ai de m'unir à vous. Purifiez-moi d'un seul de vos regards, et mettez-moi en état de vous bien recevoir au plus tôt.

En attendant cet heureux jour, je vous conjure, Seigneur, de me faire participant des fruits que la communion du Prêtre doit produire en tout le peuple fidèle qui est présent. Augmentez ma foi par la vertu de ce divin Sacrement; fortifiez mon espérance; épurez en moi la charité; remplissez mon cœur de votre amour, afin qu'il ne respire plus que vous et qu'il ne vive plus que pour vous.

Ainsi soit-il.

DERNIÈRES ORAISONS.

Vous venez, ô mon Dieu! de vous immoler pour mon salut, je veux me sacrifier pour votre gloire. Je suis votre victime, ne m'épargnez point; j'accepte de bon cœur toutes les croix qu'il vous plaira de m'envoyer; je les bénis, je les reçois de votre main, et je les unis à la vôtre.

J'ai assisté, ô mon Sauveur! à votre divin Sacrifice; vous m'y avez comblé de vos faveurs; je fuirai avec horreur les moindres taches du péché, surtout de celui où mon penchant m'entraîne avec plus de violence. Je serai fidèle à votre loi, et je suis résolu de tout perdre et de tout souffrir, plutôt que de la violer.

BÉNÉDICTION.

Bénissez, ô mon Dieu! ces saintes résolutions : bénissez - nous tous par la main de votre Ministre, et que les effets de votre bénédiction demeurent éternellement sur nous. Au nom du Père, et du Fils, et du Saint-Esprit. Ainsi soit-il.

DERNIER ÉVANGILE.

Verbe divin, Fils unique du Père, lumière du monde, venue du Ciel pour nous en montrer le chemin, ne permettez pas que je ressemble à ce peuple infidèle qui a refusé de vous reconnaître pour le Messie. Ne souffrez pas que je tombe dans le même aveuglement que ces malheureux qui ont mieux aimé devenir esclaves de Satan, que d'avoir part à la glorieuse adoption d'enfants de Dieu, que vous veniez leur procurer.

Verbe fait chair, je vous adore avec le respect le plus profond ; je mets toute ma confiance en vous seul, espérant fermement que puisque vous êtes mon Dieu, et un Dieu qui s'est fait homme afin de sauver les hommes, vous m'accorderez les grâces nécessaires pour me sanctifier et vous posséder éternellement dans le Ciel. Ainsi soit-il.

Exercice pour la Confession.

PRIÈRE AVANT L'EXAMEN.

Esprit-Saint, source de lumière, daignez répandre un de vos rayons dans mon cœur : venez m'aider à connaître mes péchés. Montrez-les moi, Seigneur, aussi distinctement que je les connaîtrai, quand au sortir de cette vie, il me faudra paraître devant vous pour être jugé. Faites-moi connaître, ô Dieu saint, et le mal que j'ai fait, et le bien que j'ai omis. Faites-moi voir le nombre et la

grandeur de mes offenses; faites que je
sache combien de fois, jusqu'à quel
point j'ai offensé le prochain; et les fautes que j'ai commises contre les devoirs
de mon état.

Mère de mon Sauveur, qui êtes si charitable envers les pécheurs qui désirent
se repentir, assistez-moi de votre secours. — Mon saint Ange, aidez-moi à
connaître mes péchés. — Mes saints Pa-
trons, Saints et Saintes du Paradis,
priez pour moi. Je vous offre, ô Jésus,
mon Sauveur, l'examen que je vais faire
avec votre sainte grâce.

EXAMEN DE CONSCIENCE.
Sur les Confessions et Communions
précédentes.

Avoir négligé de s'examiner, l'avoir
fait superficiellement; avoir reçu l'absolution sans un vrai regret du passé, sans
un ferme propos pour l'avenir; avoir
caché, déguisé quelque faute, par honte
ou par malice; avoir omis ou mal fait la
pénitence sacramentelle; avoir commu-
nié sans préparation, sans respect, par
des motifs purement humains, ou même
vicieux; avec des inquiétudes bien fon-

dées; en état de péché mortel, avoir négligé l'action de grâces après la confession ou la communion.

Sur le premier Commandement.

La Foi. Doutes volontaires touchant les vérités de la foi ; paroles, discours contre la foi ou contre les choses de la religion ; railleries sur les personnes et choses saintes ; lire, garder chez soi, ou prêter des livres défendus, hérétiques, impies, etc. ; négliger de s'instruire de sa religion.

L'Espérance. Se défier de la Providence pour les choses temporelles, désespérer d'obtenir le pardon de ses péchés ou les grâces nécessaires pour se corriger ; présumer de la bonté divine, en péchant par l'espérance du pardon ou en différant sa conversion jusqu'à la mort.

La Charité. Négligence à empêcher le mal quand on le doit et qu'on le peut ; pécher par respect humain, se vanter des péchés qu'on a commis ; ou même du mal qu'on n'a pas fait.

La Religion. Omettre ses devoirs de piété, ou s'en acquitter mal ; passer un temps considérable sans prier, commettre des irrévérences dans l'église. Pensées, désirs, postures immodestes; discours, sommeil, distractions volontaires. Ajouter foi à des pratiques superstitieuses, y avoir recours.

Sur le deuxième Commandement.

Faire des serments pour affirmer des choses fausses ou peu importantes; ne pas accomplir ce qu'on a promis avec serment; prendre le nom de Dieu en vain; blasphèmes ou paroles injurieuses à Dieu, en disant qu'il n'est pas bon, qu'il n'est pas juste; imprécations, malédictions, contre soi même ou contre d'autres; manquer ou différer d'accomplir ce qu'on a promis par vœu.

Sur le troisième Commandement.

Manquer à la messe les jours de dimanches et de fêtes; y arriver trop tard par sa faute, y être distrait volontairement, pendant un temps considérable ou durant les principales parties du saint-sacrifice; y distraire les autres. Négliger les instructions, les offices de l'Eglise, la pratique des bonnes œuvres. Travailler ou faire travailler sans cause légitime, les jours de dimanches et de fêtes d'obligation.

Sur le quatrième Commandement.

Désobéir à ses parents ou à ses supérieurs, les faire mettre en colère, ou jurer; les mépriser intérieurement; leur manquer de respect à l'extérieur par son ton, ses manières, ses paroles; s'en moquer ou dire du mal d'eux; conserver contre eux des sentiments de haine; se réjouir du mal qui leur arrive; leur en désirer; les menacer, les frapper; négliger d'assister ses parents, de leur faire recevoir les derniers sacrements.

Sur le cinquième Commandement.

Haine, aigreur, aversion, colère, désirs de vengeance (*déclarer si ces sentiments ont été volontaires; s'ils ont duré; s'ils ont paru au dehors; si c'est contre des supérieurs*); faire du mal à son prochain par esprit de vengeance ou autrement; refuser de pardonner à ses ennemis, se disputer, se quereller, s'injurier, se battre; se battre ou être témoin en duel; blesser; donner la mort, approuver le mal, ou le conseiller aux autres; les détourner de la pratique de leurs devoirs par railleries ou par mauvais conseils.

Sur le sixième et le neuvième Commandements.

Pensées déshonnêtes volontaires, s'y arrêter négligemment, y prendre plaisir, soit qu'on désire de faire le mal qu'on pense, soit qu'on n'en ait aucun désir, mais que l'on s'en tienne à une simple complaisance.

Paroles : dire ou entendre avec plaisir des paroles sales ou à double sens ; chanter ou écouter des airs dissolus ; entretenir des conversations trop libres et trop familières.

Regards : considérer par curiosité et par sensualité des objets dangereux, comme de mauvais tableaux, etc. ; aller ou mener les autres aux assemblées criminelles ou dangereuses ; s'exposer à l'occasion de pécher, ou la donner aux autres, comme lire ou prêter de mauvais livres, etc.

Actions. Prendre ou permettre des libertés criminelles ; jouer à des jeux indécents, dangereux, etc.

(Il faut en cette matière tout exprimer le plus modestement qu'il se peut ; bien examiner ce qui est volontaire et ce qui ne l'est pas ; ce qui est réfléchi ou consenti, ou ce qui est de pure négligence ; le nombre des actes ; le temps que l'habitude a duré, l'occasion qu'on y a donné ; avec qui on a péché ou désiré de pécher, sans toutefois nommer personne ; enfin ne pas craindre de donner et de demander au confesseur toutes les explications nécessaires ; la seule répugnance à s'expliquer dans le détail est une raison pour ne rien omettre.)

Sur le septième et le dixième Commandement..

S'approprier, garder ou désirer injustement le bien d'autrui (*Expliquer ce qui a été pris, et s'il est nécessaire, à qui, et dans quel lieu*) ; tromper dans les contrats, les marchés ou les jeux. Participer à l'injustice d'autrui, la conseiller, recéler ce qui a été dérobé. Détériorer ou gâter le bien d'autrui ; ne pas travailler à réparer ses injustices, ou différer de le faire.

Sur le huitième Commandement.

Faux témoignages, déclaration des secrets ou des fautes d'autrui, rapports inutiles, vrais ou faux, semences de division. Médisances ou calomnies,faites ou entendues, non empêchées. (*Il faut dire par quel motif, légèreté: esprit de vengeance, jalousie; devant combien de personnes; si ces médisances ou calomnies sont de conséquence ou préjudiciables; si on a tâché de réparer le tort qu'elles avaient fait à la réputation du prochain.* Mensonges joyeux,officieux, pernicieux.

Sur les Commandements de l'Eglise.

Ne pas observer les abstinences, les jeûnes de l'Eglise, quand on y est obligé. Engager les autres à les violer ; omettre la confession et la communion pascales.

Sur les Péchés capitaux.

Orgueil. S'estimer trop ; parler avantageusement de soi ; rechercher les honneurs, avoir du mépris pour les autres ; hypocrisie, modestie affectée.

Avarice. Ne pas faire des aumônes selon son pouvoir. S'attacher trop aux biens de la vie, se passionner pour le jeu.

Impureté. Voyez 6ᵉ et 9ᵉ commandement.

Envie. Etre fâché du bien, du mérite et des succès des autres ; se réjouir du mal qni leur arrive.

Gourmandise. Rechercher ce qui flatte la sensualité, manger ou boire avec excès, y exciter les autres.

Colère. Voyez le 5ᵉ commandement.

Paresse. Négliger la fréquentation des sacrements, la prière, la parole de Dieu, la pratique des devoirs de son état; perdre un temps considérable dans l'oisiveté, le jeu.

PRIÈRE APRÈS L'EXAMEN.

Quelle confusion pour moi, ô mon Dieu! de tomber si souvent, si facilement dans les mêmes fautes et après tant de promesses. Pardon, Seigneur, de la multitude et de la grièveté de mes offenses! Pardon, pour tous les péchés de ma vie!

Je les déteste, parce qu'ils m'ont tant de fois exposé à brûler en Enfer...... à perdre pour toujours ce beau ciel pour lequel vous m'avez créé. Hélas! si j'étais mort à tel jour, à telle heure, à tel endroit, où serais-je maintenant?

Je les déteste à cause de votre grandeur et de votre majesté contre laquelle je me suis insolemment révolté. Ver de terre, vil néant que je suis, j'ai osé vous

offenser, vous offenser en votre présence, vous, mon Dieu, mon souverain maître, mon juge, tandis que vous me te-
niez suspendu par un fil au-dessus de
l'abîme.

Je les déteste à cause de votre bonté
infinie. J'ai offensé le Dieu qui m'a créé,
qui me conserve, qui me nourrit, en
abusant contre lui de ses propres bienfaits. J'ai offensé le meilleur des Pères,
qui m'a tant de fois pardonné, et cela
pour un vil plaisir d'un moment.... J'ai
renouvelé les souffrances de mon Sauveur, j'ai ouvert toutes ses plaies, j'ai
arraché son sang de ses veines, je lui ai
donné le coup de la mort, j'ai percé son
cœur, ce cœur qui ne respirait qu'amour
pour moi. Quelle ingratitude ! Pardon,
ô mon Dieu.... ô Jésus, plutôt mourir
que de vous crucifier de nouveau par le
péché.... O Marie, mon espérance, demandez grâce pour moi.

C'en est fait, mon Dieu, je ne veux
plus vous offenser. Je veux vous aimer.
Oui, vous êtes le Dieu de mon cœur;
régnez-y en souverain. Je renonce pour
toujours au péché, parce qu'il vous of-

fense. Je suis dans la ferme résolution de ne le plus commettre.

Exercice pour la Communion.

ACTES AVANT LA COMMUNION.

Acte de foi. Dieu du ciel et de la terre, Sauveur des hommes, vous venez à moi, et j'aurai le bonheur de vous recevoir ! Qui pourrait croire un semblable prodige, si vous ne l'aviez dit vous-même ? Oui, Seigneur, je crois que c'est vous-même que je vais recevoir dans ce Sacrement ; vous-même qui, étant né dans une crèche, avez voulu mourir pour moi sur la croix, et qui, tout glorieux que vous êtes dans le ciel, ne cessez pas d'être caché sous ces espèces adorables.

Je le crois, mon Dieu, et je m'en tiens plus assuré que si je le voyais de mes propres yeux. Je le crois, parce que vous l'avez dit, que j'adore votre divine parole. Je le crois, et malgré ce que mes sens et ma raison peuvent me dire, je renonce à mes sens et à ma raison pour me captiver sous l'obéissance de la foi.

Acte d'humilité. Qui suis-je, ô Dieu

de gloire et de majesté ! qui suis-je pour que vous daigniez jeter les yeux sur moi! D'ou me vient cet excès de bonheur, que mon Seigneur et mon Dieu veuille venir à moi ? Moi, pécheur ; moi, ver de terre; moi, plus méprisable que le néant, approcher d'un Dieu aussi saint ; manger le pain des anges, me nourrir d'une chair divine !.... Ah! Seigneur, je ne le mérite pas ; je n'en suis pas digne.

Acte de contrition. Vous venez à moi, Dieu de bonté et de miséricorde. Hélas! mes péchés devraient bien plutôt vous en éloigner. Mais je les désavoue en votre présence, ô mon Dieu! Sensible au déplaisir qu'ils vous ont causé, touché de votre infinie bonté, résolu entièrement de ne les plus commettre, je les déteste de tout mon cœur, et vous en demande très humblement pardon. Pardonnez-les-moi, mon Père, mon aimable Père : puisque vous m'aimez encore jusqu'à permettre que je m'approche de vous, pardonnez-les-moi.

Acte d'espérance. Vous venez à moi, divin Sauveur des âmes, que ne dois-je pas espérer de vous ! que ne dois-je pas

attendre de celui qui se donne entièrement à moi !

Je me présente donc à vous, ô mon
Dieu ! avec toute la confiance que m'ins-
pirent votre puissance infinie et votre
infinie bonté. Vous connaissez tous mes
besoins : vous pouvez les soulager, vous
le voulez, vous m'invitez à aller à vous,
vous me promettez de me secourir. Eh
bien ! mon Dieu, me voici : je viens
sur votre parole, je me présente à vous
avec toutes mes faiblesses, mon aveuglement et mes misères : j'espère que
vous me fortifierez, que vous m'éclaire-
rez, que vous me soulagerez, que vous
me changerez.

Acte de désir. Est-il donc possible,
ô Dieu de bonté ! que vous veniez à moi,
et que vous y veniez avec un désir infini
de m'unir à vous ? Oh ! venez, le bien-
aimé de mon cœur ! venez, Agneau de
Dieu, chair adorable, sang précieux de
mon Sauveur ! venez servir de nourriture à mon âme. Que je vous voie, ô le
Dieu de mon cœur! ma joie, mes délices,
mon amour, mon Dieu, mon tout.

Venez donc, aimable Jésus, et quelque

indigne que je sois de vous recevoir,
dites seulement une parole, et je serai
purifié. Mon cœur est prêt, et s'il ne
l'était pas, d'un seul de vos regards vous
pouvez le préparer, l'attendrir et l'enflammer. Venez, Seigneur Jésus, venez.

ACTES APRÈS LA COMMUNION.

Acte d'Adoration.—Adorable majesté
de mon Dieu, devant qui tout ce qu'il y
a de plus grand dans le ciel et sur la
terre se reconnaît indigne de paraître,
que puis-je faire ici en votre présence,
si ce n'est de me taire et de vous honorer dans le plus profond anéantissement
de mon âme !

Je vous adore, ô Dieu saint ! je rends
mes justes hommages à cette grandeur
suprême devant laquelle tout genou fléchit : en comparaison de laquelle toute
puissance n'est que faiblesse, toute pros-
périté que misère, et les plus éclatantes
lumières que ténèbres épaisses.

Acte d'Amour.—J'ai donc enfin le bonheur de vous posséder, ô Dieu d'amour !
Quelle bonté ! que ne puis-je y répondre!
que ne suis-je tout cœur pour vous ai-

mer autant que vous êtes aimable, et
pour n'aimer que vous ! embrasez-moi,
mon Dieu, brûlez, consumez mon cœur
de votre amour. Mon bien-aimé est à
moi. Jésus, l'aimable Jésus se donne à
moi!.... Anges du ciel! Mère de mon
Dieu, Saints du ciel et de la terre, prê-
tez-moi vos cœurs, donnez-moi votre
amour pour aimer mon aimable Jésus.

Acte de Remerciment. — Quelles actions
de grâces, ô mon Dieu ! pourraient égaler la faveur que vous me faites aujour-
d'hui? Non content de m'avoir aimé jusqu'à mourir pour moi, Dieu de bonté,
vous daignez encore venir en personne
m'honorer de votre visite, et vous donner à moi ! O mon âme ! glorifie le Seigneur ton Dieu ; reconnais sa bonté,
exalte sa magnificence, publie éternellement sa miséricorde. C'est avec un cœur
attendri et plein de reconnaissance, ô
mon doux Sauveur ! que je vous remercie de la grande grâce que vous daignez
me faire. J'ai été un infidèle, un lâche,
un prévaricateur, mais je ne veux pas
être un ingrat : je veux me souvenir
éternellement qu'aujourd'hui vous vous

êtes donné à moi ; et marquer, par toute
la suite de ma vie , les obligations exces-
sives que je vous ai , ô mon Dieu ! en me
donnant parfaitement à vous.

Acte de Demande.—Vous êtes en moi,
source inépuisable de tous biens : vous
y êtes plein de tendresse pour moi , les
mains pleines de grâces , et prêt à les
répandre dans mon cœur. Dieu bon , li-
béral et magnifique , répandez-les avec
profusion ; voyez mes besoins , voyez
votre pouvoir. Faites en moi ce pourquoi
vous y venez ; ôtez ce qui vous déplaît
dans mon cœur ; mettez-y ce qui peut
me rendre agréable à vos yeux. Purifiez
mon corps, sanctifiez mon âme , appli-
quez-moi les mérites de votre vie et de
votre mort ; unissez-vous à moi, chaste
époux des âmes ; unissez-moi à vous ;
vivez en moi, afin que je vive en vous,
que je vive de vous, et à jamais pour
vous.

Faites en moi , aimable Sauveur, ce
pourquoi vous y venez ; accordez-moi
les grâces que vous savez m'être nécessaires. Accordez les mêmes grâces à tous
ceux et à celles pour qui je suis obligé

de prier. Pourriez-vous, mon aimable Sauveur, me refuser quelque chose, après la grâce que vous me faites aujourd'hui, de vous donner vous-même à moi?

Acte d'Offrande. —Vous me comblez de vos dons, Dieu de miséricorde ; et en vous donnant à moi, vous voulez que je ne vive plus que pour vous. C'est aussi, ô mon Dieu ! le plus grand de tous mes désirs, que d'être entièrement à vous. Oui, je veux que tout ce que j'aurai désormais de pensées, tout ce que je formerai ou exécuterai de desseins, soit dans l'ordre de la parfaite soumission que je vous dois.

Acte de Bon Propos.—O le plus patient et le plus généreux de tous les amis ! qui est-ce qui pourrait désormais me séparer de vous ? je renonce de tout mon cœur à tout ce qui m'en avait éloigné jusqu'ici : et je me propose, avec le secours de votre grâce, de ne plus retomber dans mes fautes passées.

Ainsi donc, ô mon Dieu ! plus de pensées, de désirs, de paroles ou d'actions qui soient le moins du monde contraires à la pudeur ou à la charité ; plus d'impatience, de juremen ts, de mensonges, de querelles, de médisance ; plus d'omissions dans mes devoirs, ni de langueur dans votre service ; plus de liaisons sensibles, ni d'amitié naturelle ; plus d'attaches à mes sentiments ni à mes commodités ; plus de délicatesse sur les mépris et sur les discours des hommes ; plus de passion pour l'estime et l'attention du monde. Plutôt mourir, ô mon Dieu ! plutôt expirer ici devant vous, que de jamais vous déplaire !

Vous êtes au milieu de mon cœur, divin Jésus ; c'est en votre présence que je forme ces résolutions ; afin que vous les confirmiez, et que votre adorable Sacrement, que je viens de recevoir, en soit comme le sceau, qu'il ne me soit jamais permis de violer. Confirmez donc, ô Dieu de bonté ! le désir que j'ai d'être uniquement à vous, et de ne vivre plus que pour votre gloire. Ainsi soit-il.

ACTE DE CONSÉCRATION A LA SAINTE VIERGE.

Sainte Marie, mère de Dieu et toujours vierge ; je vous choisis aujourd'hui pour ma mère, ma patronne et mon avocate; je promets fermement de ne jamais abandonner votre service et de ne jamais rien dire ni faire qui soit contre votre honneur, ni de permettre que ceux qui dépendent de moi l'offensent jamais en rien. Je vous supplie donc très affectueusement qu'il vous plaise me recevoir pour votre fidèle serviteur : assistez-moi en toutes mes actions, et ne m'abandonnez point à l'heure de ma mort.

PRIÈRE A JÉSUS-CHRIST.

O bon et très doux Jésus ! je me prosterne à genoux en votre présence, et je vous prie et vous conjure avec toute la ferveur de mon âme, de daigner graver dans mon cœur de vifs sentiments de foi, d'espérance et de charité, un vrai repentir de mes égarements, et une volonté très-ferme de m'en corriger, pendant que je considère en moi-même et que je contemple en esprit vos cinq plaies, avec une grande affection et une grande douleur, ayant devant les yeux ce que disait déjà de vous, ô bon Jésus, le saint roi David : « *Ils ont percé mes mains et mes pieds ; ils ont compté tous mes os.* »

CANTIQUES.

1. INVITATION A LOUER DIEU.

Chère jeunesse, en qui pour l'harmonie
L'on voit fleurir le goût et les talents,
Que la sagesse, à vos accords unie,
Vous fasse fuir les profanes accents.
   A qui doit-on consacrer le bel âge,
La douce voix, les sons mélodieux ?
C'est au Seigneur qu'en appartient l'u-
                   [sage :
Il est l'auteur de ces dons précieux.
   Loin , loin de vous ces chants de la
                  [licence !
Prêter sa voix à de coupables airs
Serait du Ciel provoquer la vengeance,
Et de l'impie imiter les concerts.
   De la vertu chantez plutôt les char-
                  [mes :
Les anges saints s'uniront à vos voix,
Et les pécheurs, les yeux remplis de lar-
                  [mes,
Viendront aussi se ranger sous vos lois.

2. 1re INVOCATION DU ST-ESPRIT.

Refrain.

Esprit-Saint, descendez en nous ;
Embrasez notre cœur de vos feux les
                [plus doux.

Sans vous, notre vaine prudence
Ne peut, hélas! que s'égarer.
Ah! dissipez notre ignorance;
   Esprit d'intelligence,
   Venez nous éclairer.

Le noir Enfer, pour nous livrer la
Se réunit au monde séducteur: [guerre,
Tout est pour nous embûche sur la terre;
Soyez, soyez notre libérateur.

Enseignez-nous la divine sagesse:
Seule elle peut nous conduire au bon-
                           [heur.
Dans ses sentiers qu'heureuse est la jeu-
Qu'heureuse est la vieillesse! [nesse!

5. 2ᵉ INVOCATION DU ST-ESPRIT.

Refrain.

Esprit-Saint, comblez nos vœux;
   Embrasez nos âmes
   Des plus vives flammes.
Esprit-Saint, comblez nos vœux;
   Embrasez nos âmes
   De vos plus doux feux.

Seul Auteur de tous les dons,
De vous seul nous attendons
   Tout notre secours
   Dans ces saints jours. Esprit, etc.

Sur nos esprits, Dieu de bonté,
    Répandez la clarté
    Et la vérité ;
    Préparez nos cœurs
    A vos faveurs.   Esprit, etc.

Donnez-nous ces purs désirs,
Ces pleurs saints, ces vrais soupirs,
    Qui des grands pécheurs
    Changent les cœurs.   Esprit, etc.

Donnez-nous la docilité,
    Le don de piété
    Et de vérité,
    L'esprit de candeur
    Et de douceur.   Esprit, etc.

4. 3° INVOCATION DU ST-ESPRIT.

    Dieu d'amour,
    En ce jour,
Viens et descends dans mon âme.
Oui, viens, mon âme est à toi sans re-
    Mon cœur, qui te réclame,   [tour.
    Abjure ses erreurs,
Et désire, Esprit de flamme,
Brûler de tes saintes ardeurs.
    Mon cœur, etc.

    Ah ! pourquoi,

Loin de toi,
Cherché-je un bonheur frivole?
On ne peut être heureux que sous ta loi.
    C'est elle qui console
    Tes vrais adorateurs.
Appuyés sur ta parole,
Ils sont au-dessus des malheurs.
    C'est elle, etc.

    Il est temps,
    Je me rends:
Seigneur, ta bonté m'enchante;
Mon cœur se livre aux plus doux sen
    Sous ta loi bienfaisante,   [ments.
    Si tu veux, ô mon Dieu!
Fixer mon âme inconstante,
Viens l'y graver en traits de feu.
    Sous ta loi, etc.

    Si jamais
    J'oubliais
La loi que tu m'as tracée,
Je m'abandonne à tes justes arrêts.
    Que ma langue glacée
    S'attache à mon palais,
Et que mon âme lassée
Ne trouve ni repos ni paix.
    Que ma langue, etc.

5. LES EFFETS DU SAINT-ESPRIT.

Quel feu s'allume dans mon cœur !
Quel Dieu vient habiter mon âme !
A son aspect consolateur,
Et je m'éclaire et je m'enflamme.
Je t'adore, Esprit créateur.
    Parais, Dieu de lumière,
Et viens renouveler la face de la terre.

    Je vois mille ennemis divers
Conjurer ma perte éternelle ;
J'entends tous leurs complots pervers.
Dieu ! romps leur trame criminelle ;
Qu'ils retombent dans les enfers.
    Parais, etc.

    Ah ! plutôt règne, Dieu d'amour,
Sur ce cœur devenu ton temple ;
Que je t'honore dès ce jour ;
Que mon œil charmé te contemple
Dans l'éclat du divin séjour.
    Parais, etc.

6. POUR L'EXERCICE DU MATIN.

    Au point du jour,
Pour ses bienfaits , l'Auteur de la nature
Nous demande un humble retour
Et le tribut de notre amour.

Offrons-lui donc une âme pure
Au point du jour.
Au point du jour,
Je crois en toi, Dieu très saint que j'a-
Ta vérité règle ma foi.　　　[dore.
Dieu tout-puissant, accorde-moi
Un esprit soumis qui t'honore
Au point du jour.
Au point du jour,
Entends mon cœur, il soupire, il espère,
Par Jésus ton Fils, son Sauveur,
Te contempler, Dieu créateur,
Dans l'éternité tout entière,
Au point du jour.
Au point du jour,
Reçois, grand Dieu, l'offrande de mon
Que mon cœur te fait sans détour, [âme
Tout embrasé de ton amour,
Et ranime surtout sa flamme
Au point du jour.

7.　　　PRIÈRE DU MATIN.

L'astre du jour commence sa carrière,
La nuit au loin s'enfuit et disparaît :
Dieu tout-puissant, éternelle lumière,
Soyez béni de ce nouveau bienfait.
Nous consacrons à votre saint service

Tous les instants de ce jour précieux.
Guidez nos pas loin des routes du vice,
Dans le sentier qui nous conduit aux
[cieux.
Versez sur nous vos grâces salutaires;
Sanctifiez nos vœux et nos désirs,
Nos saints projets, nos œuvres, nos priè-
[res,
Nos biens, nos maux, nos travaux, nos
[soupirs.
Louange, gloire, amour, honneur,
[hommage;
Vous soient rendus, auguste Trinité;
Que votre nom soit chanté d'âge en âge,
Et dans le temps et dans l'éternité.

8.   **CANTIQUE DU MATIN.**

Des feux de la brillante aurore
Le ciel commence à s'enflammer;
Un nouveau jour est près d'éclore:
Chrétiens, sachons en profiter.
Laissons au sein de la mollesse
Dormir les esclaves des sens;
Faisons d'une sainte allégresse
Retentir au loin les accents.

Dès que la main toute-puissante
Eut formé ce vaste univers,

La nature reconnaissante
Entonna ses divins concerts.
Imitons ce touchant hommage;
En sortant des bras du sommeil,
Chantons le bienfait du réveil:
Du néant il est une image.

De votre clémence infinie,
Seigneur, nous recevons ce jour:
Vous nous avez rendu la vie,
Nous la vouons à votre amour.
Dans nos cœurs versez votre grâce,
Qu'elle en règle les mouvements,
Et qu'un saint repentir efface
Les fautes des jours précédents.

Que nos prières soient ferventes,
Et notre travail assidu,
Toutes nos démarches prudentes,
Tout notre amour pour la vertu.
Que nos mœurs soient irréprochables;
Soyons modestes, vigilants,
Sobres, doux, humbles, charitables,
Résignés et persévérants.

9. OFFRANDE DE LA JOURNÉE.

O Dieu dont je tiens l'être,
Toi qui règles mon sort,
Seul arbitre, seul maître

De mes jours, de ma mort !
Je t'offre les prémices
Du jour qui luit sur moi,
Et veux, sous tes auspices,
Ne le donner qu'à toi.

    Daigne d'un œil propice
En voir tous les instants ;
Que ta main en bannisse
Tous les dangers pressants.
Surtout, Dieu de clémence,
Qu'avec ton saint secours,
Nul crime, nulle offense
N'ose en ternir le cours.

    Que ta bonté facile,
Qui voit tous nos besoins,
Rende à tes yeux utile
Mon travail et mes soins,
Et que, suivant la trace
Que nous ouvrent les Saints,
Nos jours soient, par ta grâce,
Des jours purs et sereins.

10. POUR L'EXERCICE DU SOIR.

Le soleil vient de finir sa carrière ;
Comme un éclair ce jour s'est écoulé.
Jour après jour, ainsi la vie entière
S'écoule et passe avec rapidité.

Refrain.

Y pensons-nous à cette heure dernière
Où s'ouvrira pour nous l'Eternité?

A chaque instant l'Eternité s'avance:
Travaillons-nous à nous y préparer?
De nos péchés faisons-nous pénitence?
De là vertu suivons-nous le sentier?

Si cette nuit le souverain Arbitre
Nous appelait devant son Tribunal,
A sa clémence avons-nous quelque titre?
Que lui répondre en cet instant fatal?

Du moins, touchés d'un repentir sin-
[cère,
Pleurons, Chrétiens, les fautes de ce
[jour;
D'un Dieu vengeur désarmons la colère :
Un cœur contrit regagne son amour.

11. PRIÈRE POUR DEMANDER A DIEU SA BÉNÉDICTION PENDANT LA NUIT.

O Dieu, dont la providence
Fixe nos nuits et nos jours,
De la nuit que je commence
Daigne rendre heureux le cours.

O Dieu, etc.

Que tes Anges tutélaires
Veillent sur tous mes moments

Et que leurs soins salutaires
Gardent mon âme et mes sens.

Que jamais je ne sommeille
Que dans la paix du Seigneur ;
Et que je ne me réveille
Que pour lui donner mon cœur.

12. LA JEUNESSE.

Le temps de la jeunesse
Passe comme une fleur.
Hâtez-vous, le temps presse,
Donnez-vous au Seigneur.
Tout se change en délices
Quand on veut le servir :
Les plus grands sacrifices
Font les plus doux plaisirs.

N'attendez pas cet âge
Où les hommes n'ont plus
Ni force, ni courage
Pour les grandes vertus.
C'est faire un sacrifice,
Qui vous a peu coûté,
Que de quitter le vice,
Lorsqu'il n'est plus goûté.

Prévenez la vieillesse,
Cette triste saison ;
Le temps de la jeunesse

Est un temps de moisson.
Le Seigneur nous menace
D'une fatale nuit
Où, quoi que l'homme fasse,
Il travaille sans fruit.

Que de pleurs et de larmes
Il nous coûte au trépas,
Ce monde dont les charmes
Nous trompent ici-bas !
D'agréables promesses
Il nous flatte d'abord ;
Par de fausses caresses
Il nous donne la mort.

Quand plusieurs fois au crime
L'on ose consentir,
Hélas ! c'est un abîme
Dont on ne peut sortir.
Il n'est rien de plus rude
Que de se détacher
De la longue habitude
Qu'on s'est fait de pécher.

13. **LE SALUT.**

Travaillez à votre salut :
Quand on le veut, il est facile ;
Chrétiens, n'ayez point d'autre but,
Sans lui tout devient inutile.

Sans le salut (*bis*), pensez-y bien,
Tout ne vous servira de rien.

Oh ! que l'on perd en se perdant !
On perd le céleste héritage ;
Au lieu d'un bonheur si charmant,
On a l'Enfer pour son partage.

Que sert de gagner l'Univers ,
Si l'on vient à perdre son âme ,
Et s'il faut , au fond des Enfers ,
Brûler dans l'éternelle flamme ?

Rien n'est digne d'empressement,
Si ce n'est la vie éternelle ;
Le reste n'est qu'amusement,
Tout n'est que pure bagatelle.

C'est pour toute une éternité
Qu'on est heureux ou misérable :
Que , devant cette vérité ,
Tout ce qui passe est méprisable !

Grand Dieu ! que tant que nous vi-
Cette vérité nous pénètre !   [vrons,
Ah ! faites que nous nous sauvions,
A quelque prix que ce puisse être.

14. SUR LE RESPECT HUMAIN.

CHOEUR.

Bravons les Enfers ,
Brisons tous nos fers ;

Sortons de l'esclavage .
Unissons nos voix ,
Rendons à la Croix
Un sincère et public hommage.
Jurons haine au respect humain ,
Brisons cette idole fragile ;
Sur ses débris que notre main
Elève un trône à l'Evangile.

Chrétiens , d'une vaine terreur
Serons-nous toujours la victime ?
Qu'il soit banni de notre cœur
Le cruel tyran qui l'opprime.

Sous le joug d'un monde censeur
Nous gémissons dès notre enfance ;
Recouvrons , vengeons notre honneur,
Proclamons notre indépendance.

Partout flottent les étendards
Qu'arbore à nos yeux la licence ;
Faisons briller à ses regards
La bannière de l'innocence.

Tout Chrétien doit être un soldat
Rempli d'ardeur, né pour la gloire ;
Quand son chef le mène au combat ,
Tremblant, il fuirait la victoire ?

Tandis que sur le champ d'honneur,
La valeur signale les braves ,
On me verrait lâche et sans cœur

Traînant les chaînes des esclaves !
Seigneur, ton camp sera le mien !
Tant qu'il coulera dans mes veines
Quelques gouttes du sang chrétien :
Monde, tes menaces sont vaines.
Divin Roi, jusqu'à mon trépas
Mon cœur te restera fidèle,
Puisse la croix, guidant mes pas,
Me voir tomber, mourir près d'elle !
Chrétiens, le signal est donné ;
Hâtons-nous, courons à la gloire ;
L'heure du triomphe a sonné,
Le Ciel nous promet la victoire.

15. FORCE CHRÉTIENNE.

Quelle nouvelle et sainte ardeur
En ce jour transporte mon âme ?
Je sens que l'Esprit créateur
De son feu tout divin m'enflamme.

Refrain.

Vive Jésus ! je crois, je suis Chrétien ;
Censeurs, je vous méprise :
Lancez, lancez vos traits, je ne crains
Mon bras vainqueur les brise.   [rien,
Il faut dans un noble combat,
Pour vous, Seigneur, que je m'engage ;
Vous m'avez fait votre soldat,

Vous m'en donnerez le courage. .
 Du salut le signe sacré
Arme mon front pour ma défense ;
Devant lui l'Enfer conjuré
Perdra sa funeste puissance.

 On a vu de faibles agneaux
Triompher de l'aveugle rage
Et des tyrans et des bourreaux ;
Faible comme eux, Dieu m'encourage.

 Enfant des généreux martyrs,
Puissé-je égaler leur constance,
Et trouver mes plus doux plaisirs
Au sein même de la souffrance.

 A la mort fallût-il s'offrir,
Pour conserver mon innocence,
Grand Dieu ! je consens à mourir ;
Ne souffrez pas que je balance.

 Chrétiens ! ranimons notre ardeur ;
Contemplons la palme immortelle :
Le Ciel la promet au vainqueur,
Combattons et mourons pour elle.

16. LA PROVIDENCE.

 Aimable Providence,
Dont les divines mains
Sur nous en abondance
Répandent tous les biens,

Qui pourrait méconnaître
L'Auteur de ces présents,
Et ne pas se remettre
Entre ses bras puissants ?

O Sagesse profonde,
Qui veille en même-temps
Sur les maîtres du monde
Et sur la fleur des champs,
Quelle force invincible
Conduit tout à tes fins !
Quelle douceur paisible
Dispose les moyens !

Oui, sa sollicitude
Veille à tous nos besoins ;
Sans nulle inquiétude,
Remettons-lui nos soins ;
Notre Dieu, c'est un père
Qui nous porte en son cœur ;
Et la plus tendre mère
N'eut jamais sa douceur.

Avant tout, ô mon âme,
Cherche sa sainte loi ;
Que son amour t'enflamme,
Et le reste est à toi.
Doucement endormie
Sur son sein maternel,
Le chemin de la vie
Doit te conduire au ciel.

17.   **VANITÉ DU MONDE.**

Tout n'est que vanité,
Mensonge, fragilité,
Dans tous ces objets divers
Qu'offre à nos regards l'univers.
Tous ces brillants dehors,
Cette pompe,
Ces biens, ces trésors,
Tout nous trompe,
Tout nous éblouit,
Mais tout nous échappe et tout fuit.
Telles qu'on voit les fleurs,
Avec leurs vives couleurs,
Eclore, s'épanouir,
Se faner, tomber et périr,
Tel est des vains attraits
Le partage ;
Tel l'éclat, les traits
Du bel âge,
Après quelques jours,
Perdent leur beauté pour toujours.
En vain, pour être heureux,
Le jeune voluptueux
Se plonge dans les douceurs
Qu'offrent les mondains séducteurs.
Plus il suit les plaisirs

Qui l'enchantent,
Et moins ses désirs
Se contentent;
Le bonheur le fuit
A mesure qu'il le poursuit.
Que doivent devenir,
Pour l'homme qui doit mourir,
Ces biens longtemps ramassés,
Cet argent, cet or entassés?
Fût-il du genre humain
Seul le maître,
Pour lui tout enfin
Cesse d'être;
Au jour de son deuil,
Il n'a plus à lui qu'un cercueil.
Oui, la Mort, à son choix,
Vient tout soumettre à ses lois,
Et l'homme ne fut jamais
A l'abri d'un seul de ses traits.
Comme sur son retour
La vieillesse,
Dans son plus beau jour
La jeunesse,
L'enfance au berceau,
Trouvent tour-à-tour leur tombeau.
Oh! combien malheureux
Est l'homme présomptueux

Qui dans ce monde trompeur,
Croit pouvoir trouver son bonheur !
Dieu seul est immortel,
Immuable,
Seul grand, éternel,
Tout aimable.
Avec son secours,
Donnons-nous à lui pour toujours.

18.   **LA MORT.**

Refrain. A la mort, à la mort,
Pécheur, tout finira ;
Le Seigneur, à la mort,
Te jugera.

Il faut mourir, il faut mourir,
De ce monde il nous faut sortir ;
Le triste arrêt en est porté,
Il faut qu'il soit exécuté.

Comme une fleur qui se flétrit,
Ainsi bientôt l'homme périt ;
L'affreuse Mort vient de ses jours
Dans peu de temps finir le cours.

Pécheurs, approchez du cercueil,
Venez confondre votre orgueil ;
Là, tout ce qu'on estime tant
Est enfin réduit au néant.

Esclaves de la vanité,

Que deviendra votre beauté?
L'infection, la puanteur,
Vous rendront un objet d'horreur.

O vous qui suivez vos désirs,
Qui vous plongez dans les plaisirs,
Pour vous quel affreux changement
La Mort va faire en un moment !

Plus de plaisir, plus de douceur,
Plus de pouvoir, plus de grandeur !
Ces biens dont vous êtes jaloux
Vont tout-à-coup périr pour vous.

Adieu famille, adieu parents,
Adieu, chers amis, chers enfants ;
Votre cœur se désolera,
Mais enfin tout vous quittera.

Ce moment doit bientôt venir,
Mais on en fuit le souvenir,
Et l'homme sans réflexion
Vit ainsi dans l'illusion.

S'il fallait subir votre arrêt,
Chrétiens, qui de vous serait prêt !
Combien dont le funeste sort
Serait une éternelle mort !

19. LE JUGEMENT.

Dieu va déployer sa puissance ;
Le temps comme un songe s'enfuit...

Les siècles sont passés, l'éternité com-
[mence ;
Le monde va rentrer dans l'horreur de
[la nuit.
J'entends la trompette effrayante ;
Quel bruit ! quels lugubres éclairs !
Le Seigneur a lancé sa foudre étince-
[lante,
Et ses feux dévorants embrasent l'uni-
[vers.
Les monts foudroyés se renversent,
Les êtres sont tous confondus ;
La mer ouvre son sein, les ondes se dis-
[persent ;
Tout est dans le chaos, et la terre n'est
[plus.
Sortez des tombeaux, ô poussière,
Dépouille des pâles humains !
Le Seigneur vous appelle ; il vous rend
[la lumière ;
Il va sonder vos cœurs et fixer vos des-
[tins.
Il vient… tout est dans le silence.
Sa croix porte au loin la terreur.
Le pécheur consterné frémit en sa pré-
[sence,
Et le juste lui-même est saisi de frayeur.

Assis sur un trône de gloire,
Il dit : Venez, ô mes Elus !
Comme moi vous avez remporté la vic-
[toire ;
Recevez de mes mains le prix de vos
[vertus.

Tombez dans le sein des abymes,
Tombez, pécheurs audacieux.
De mon juste courroux immortelles vic-
[times,
Vils suppôts des démons, vous brûlerez
[comme eux.

De tes jugements, Dieu sévère,
Pourrai-je subir les rigueurs ?
J'ai péché ; mais ton sang désarme ta co-
[lère.
J'ai péché ; mais mon crime est lavé dans
[mes pleurs.

20. L'ENFER.

Tremblez, habitants de la terre,
Tremblez, le Seigneur va venir.
Le Ciel dans son courroux fait gronder
[son tonnerre ;
Heureux qui sait prévoir l'effroyable ave-
[nir !

Mon cœur, aveuglé par le crime,

Se jouait de l'éternité ;
Mais, ô fatale erreur ! dans un affreux
[abyme
Au moment du trépas je fus précipité.
Venez, trop aveugle jeunesse,
Venez vous instruire aux tombeaux ;
Vous connaîtrez enfin le prix de la sa-
[gesse
Lorsque vous entendrez le récit de mes
[maux.
Dans cet océan de souffrances,
Comment raconter mes malheurs,
Percé par mille traits des célestes ven-
[geances,
Victime de l'Enfer, en proie à ses hor-
[reurs ?
Du sein de ce lieu de ténèbres
S'élève une noire vapeur ;
Les abymes couverts de ces voiles funè-
[bres
Ne sont plus qu'un séjour d'épouvante
[et d'horreur.
Bonheur, paradis de délices !
Beau ciel, ô cité des Elus !
J'étais créé pour vous, et d'éternels sup-
[plices
Sont devenus ma part : je suis mort sans
[vertus !

Si le Ciel, à mes vœux propice,
Devait un jour briser mes fers,
Que ne ferais-je pas pour calmer sa jus-
[tice?
Mais il faudra toujours souffrir dans les
[enfers.

24. **REMORDS.**

Comment goûter quelque repos
Dans les tourments d'un cœur coupable?
Loin de vous, ô Dieu tout aimable !
Tous les biens ne sont que des maux.
J'ai fui la maison de mon Père
A la voix d'un monde enchanté ;
Il promet la félicité,
Mais il n'enfante que misère.

Vois, me disait-il, vois le temps
Emporter ta belle jeunesse ;
Tu cueilles l'épine qui blesse,
Au lieu des roses du printemps.
Le perfide, pour ma ruine,
Cachait l'épine sous les fleurs ;
Mais vous, ô Dieu plein de douceurs !
Vous cachez les fleurs sous l'épine.

Créateur justement jaloux,
Ah ! voyez ma douleur profonde ;
Ce que j'ai souffert pour le monde,

Si je l'avais souffert pour vous !....
J'ai poursuivi dans les alarmes
Le fantôme des vains désirs.
Ah ! j'ai semé dans les plaisirs,
Et je moissonne dans les larmes.
   Qui me rendra de la vertu
Les douces, les heureuses chaînes ?
Mon cœur sous le poids de ses peines
Succombe et languit abattu.
J'espérais (ô triste folie !)
Vivre tranquille et criminel ;
J'oubliais l'oracle éternel :
Il n'est point de paix pour l'impie.
   De mon abyme, ô Dieu clément !
J'ose t'adresser ma prière.
Cessas-tu donc d'être mon Père,
Si je fus un indigne enfant !
Hélas ! le lever de l'aurore
Aux pleurs trouve mes yeux ouverts,
Et la nuit couvre l'univers,
Que mon âme gémit encore.

22. DIALOGUE ENTRE DIEU ET LE PÉCHEUR.

Dieu.

Reviens, pécheur, à ton Dieu qui t'ap-
                            [pelle ;

Viens au plus tôt te ranger sous sa loi.
Tu n'as été déjà que trop rebelle ;
Reviens à lui, puisqu'il revient à toi.

Le pécheur.

Voici, Seigneur, cette brebis errante
Que vous daignez chercher depuis long-
[temps.
Touché, confus d'une si longue attente,
Sans plus tarder je reviens, je me rends.

Dieu.

Pour t'attirer ma voix se fait entendre ;
Sans me lasser, partout je te poursuis.
Pour toi d'un Dieu, du Père le plus ten-
[dre,
J'ai les bontés, ingrat, et tu me fuis !

Le pécheur.

Errant, perdu, je cherchais un asyle ;
Je m'efforçais de vivre sans effroi.
Hélas ! Seigneur, pouvais-je être tran-
[quille
Si loin de vous, et vous si loin de moi ?

Dieu.

Attraits, frayeur, remords, secret lan-
[gage,
Qu'ai-je oublié dans mon amour cons-
[tant ?
Ai-je pour toi pu faire davantage ?

Ai-je pour toi dû même en faire tant?

Le pécheur.

Je me repens de ma faute passée.
Contre le Ciel, contre vous j'ai péché;
Mais oubliez ma conduite insensée,
Et ne voyez en moi qu'un cœur touché.

Dieu.

Ta courte vie est un songe qui passe,
Et de ta mort le jour est incertain :
Si j'ai promis de te donner ma grâce,
T'ai-je jamais promis le lendemain ?

Le pécheur.

Votre bonté surpasse ma malice.
Pardonnez-moi ce long égarement ;
Je le déteste, il fait tout mon supplice,
Et pour vous seul j'en pleure amèrement.

Dieu.

Le Ciel doit-il te combler de délices
Dans le moment qui suivra ton trépas,
Ou bien l'Enfer t'accabler de supplices?
C'est l'un des deux, et tu n'y penses pas!

Le pécheur.

Je ne vois rien que mon cœur ne défie,
Malheurs, tourments, ou plaisirs les plus
[doux:
Non, fallût-il pour vous perdre la vie,
Rien ne pourra me séparer de vous.

4

23. **PARDON.**

Mon Dieu, mon cœur touché
D'avoir péché
Demande grâce.
Joins à tous tes bienfaits
L'oubli de mes forfaits ;
Je n'ose plus du ciel contempler la sur-
[face.

Refrain. Pardon, mon Dieu, pardon,
Mon Dieu, pardon ;
N'es-tu pas un Dieu bon ?
Mon Dieu, pardon ;
N'es-tu pas un Dieu bon ?

Ah ! dans cette saison
Où ma raison
Devait te suivre,
J'errais des jours entiers
Dans de honteux sentiers.
Comment à mes malheurs m'as-tu laissé
[survivre ?

Tu me disais souvent :
Viens, mon enfant,
Ma voix t'appelle.
J'allais à mes plaisirs,
Au gré de mes désirs,
Et tu pus si longtemps souffrir un fils re-
Plus juste désormais, [belle !

Et pour jamais
Brebis fidèle,
Je vivrai dans les pleurs,
Dans les saintes rigueurs,
Heureux si je parviens à la gloire im-
[mortelle ?

24. SENTIMENTS DE CONTRITION.

Hélas !
Quelle douleur
Remplit mon cœur,
Fait couler mes larmes !
Hélas !
Quelle douleur
Remplit mon cœur
De crainte et d'horreur !
Autrefois,
Seigneur, sans alarmes,
De tes lois
Je goûtais les charmes ;
Hélas !
Vœux superflus,
Beaux jours perdus,
Vous ne serez plus !!!
La mort
Déja me suit ;
O triste nuit !

Déjà je succombe ;
La mort
Déjà me suit ;
Le monde fuit ;
Tout s'évanouit.
Je la vois
Entr'ouvrant ma tombe,
Et sa voix
M'appelle, et j'y tombe.
O mort !
Cruelle mort !
Si jeune encor !
Quel funeste sort !
Frémis,
Ingrat pécheur ;
Un Dieu vengeur,
D'un regard sévère ;
Frémis,
Ingrat pécheur ;
Un Dieu vengeur
Va sonder ton cœur.
Malheureux !
Entends son tonnerre ;
Si tu peux,
Soutiens sa colère.
Frémis ;
Seul aujourd'hui,

Sans nul appui
Parais devant lui.
  Grand Dieu !
Quel jour affreux
Luit à mes yeux !
Quel horrible abîme ,
  Grand Dieu !
Quel jour affreux
Luit à mes yeux !
Quels lugubres feux !
  Oui l'enfer,
Vengeur de mon crime ,
  Est ouvert ,
Attend sa victime.
  Grand Dieu !
Quel avenir !
Pleurer , gémir ,
Toujours te haïr !
  Beau ciel !
Je t'ai perdu ;
Je t'ai vendu
Par de vains caprices.
  Beau ciel !
Je t'ai perdu ;
Je t'ai vendu ;
Regret superflu !
  Loin de toi ,

Toutes tes délices
     Sont pour moi
De nouveaux supplices.
     Beau ciel,
   Toi que j'aimais,
   Qui me charmais,
Ne te voir jamais !...
     Non, non,
  C'est une erreur ;
  Dans mon malheur,
Hélas ! je m'oublie.
     Non, non,
  C'est une erreur ;
  Dans mon malheur,
Je trouve un Sauveur.
     Il m'entend,
Me réconcilie :
    Dans son sang
Je reprends la vie.
     Non, non,
  Je l'aime encor,
  Et le remords
A changé mon sort.
     Jésus !
  Manne des cieux,
  Pain des heureux,
Mon cœur te réclame,

Jésus !
Manne des cieux,
Pain des heureux,
Viens combler mes vœux.
Désormais,
Ta divine flamme
Pour jamais
Embrase mon âme.
Jésus !
O mon Sauveur !
Fais de mon cœur
L'éternel bonheur.

25.   RETOUR A DIEU.

Mon doux Jésus, enfin voici le temps
De pardonner à nos cœurs pénitents;
Nous n'offenserons jamais plus
Votre bonté suprème, } *bis.*
O doux Jésus !
Puisqu'un pécheur vous a coûté si
[cher,
Faites-lui grâce, il ne veut plus pécher.
Ah ! ne perdez pas cette fois,
La conquête admirable
De votre Croix.
Enfin, mon Dieu, nous sommes à
[genoux

Pour vous prier de nous pardonner tous.
Nous vous avons percé le flanc,
    Mais lavez notre crime
        Dans votre sang.

26. RENONCEMENT AU MONDE.

Dieu d'amour, un monde trompeur
M'avait séduit dès mon enfance ;
Il avait corrompu mon cœur,
Il m'avait ravi l'innocence.
Ref. Monde imposteur,
        De mon malheur
        Tu fus l'auteur,
    A Dieu je fus rebelle ;
        Mais dès ce jour,
        Et sans retour,
        Au Dieu d'amour
    Je veux être fidèle.

Je renonce à tes vains attraits,
Monde trompeur, monde volage ;
A mon Dieu je suis désormais ;
Je l'ai choisi pour mon partage.
    Fuis loin de moi, monstre odieux,
Péché, fruit d'un fatal délire ;
Hélas ! je suis trop malheureux,
D'avoir vécu sous ton empire.
    Pardonnez, ô mon Rédempteur!

Ma trop coupable indifférence ;
Hélas ! je fus longtemps pécheur,
Mais j'implore votre clémence.

27.   LE DÉSENCHANTEMENT.

Un fantôme brillant séduisit ma jeu-
[nesse,
Sous le nom du plaisir il égara mes pas;
Insensé que j'étais ! je n'apercevais pas
L'abîme que des fleurs cachaient à ma
[faiblesse.

Refrain.

Mais, enfin, revenu de mes égarements,
Remettant mon salut à ta bonté chérie,
O mon Dieu ! mon soutien ! après mille
[tourments,
Quand je reviens à toi (*bis*), je reviens à
[la vie. (*ter.*)

Plaisir où j'avais cru ne trouver que
[des charmes,
Ivresse de mes sens, trompeuse volupté,
Hélas ! en vous cherchant, que vous m'a-
[vez coûté
De craintes, de douleurs, de regrets et
[de larmes !
Vous qui de vos vertus souteniez mon
[enfance,
4.

O mon père ! ô ma mère ! à combien de
[douleurs
Ma jeunesse rebelle a dû livrer vos cœurs,
Et troubler vos tombeaux dans leur pieux
[silence !
Pardonnez, pardonnez à votre enfant
[coupable ;
Hélas ! cent fois puni d'oublier vos le-
[çons,
Même au sein des plaisirs, par des re-
[mords profonds,
Il expiait déjà son crime impardonnable.
Oui, mon Dieu, c'en est fait, touché
[de ta clémence,
Je quitte pour jamais le monde et ses
[appas.
Nouvel enfant prodigue, appelé dans tes
[bras,
Je retrouve à la fois mon père et l'inno-
[cence.

28. RENOUVELLEMENT DES VOEUX DU BAPTÊME.

Quand l'eau sainte du Baptême
Coula sur vos fronts naissants,
Et qu'un Dieu la bonté même,
Vous adopta pour enfants,

Muets encore,
D'autres promirent pour vous :
Aujourd'hui confessez tous
La Foi dont un Chrétien s'honore.

CHOEUR.

Foi de nos pères,
Notre règle et notre amour ;
Nous embrassons en ce jour
Et ta morale et tes mystères.
De quel œil de complaisance
Vous me vîtes, ô mon Dieu !
Quand, revêtu d'innocence,
On m'emporta du saint lieu !
Pensée amère !
O beau jour trop tôt passé !
Hélas ! je me suis lassé,
Mon Dieu, de vous avoir pour père.
J'ai blessé votre tendresse,
Violé vos saintes lois ;
Vous me rappeliez sans cesse,
Je repoussais votre voix.
Du moins mes larmes
Obtiendront-elles pardon ?
Seigneur, de votre maison
Je puis encor goûter les charmes.
Loin de moi, monde profane ;
Fuis, ô plaisir séduisant !

L'Evangile vous condamne,
Vous blessez en caressant.
    Sous votre empire,
Mon Dieu, sont les vrais trésors;
Vos douceurs sont sans remords,
C'est pour elles que je soupire.
    Loin de ces tentes coupables
Où s'agite le pécheur,
Sous vos pavillons aimables
J'irai jouir du bonheur;
    Avant l'aurore
Mon cœur vous appellera,
Et quand le jour finira,
Mes chants vous béniront encore.

29.   LA FERVEUR.

    Goutez, âmes ferventes,
Goûtez votre bonheur;
Mais demeurez constantes
Dans votre sainte ardeur.
        Refrain.
Heureux le cœur fidèle
Où règne la ferveur!
Ou possède avec elle
Tous les dons du Seigneur.

    Elle est le vrai partage
Et le sceau des Elus;

Elle est l'appui , le gage ,
Et l'âme des vertus.
    Par elle la foi vive
S'allume dans les cœurs ;
Et sa lumière active
Guide et règle nos mœurs.
    C'est sa vertu puissante
Qui garantit nos sens
De l'amorce attrayante
Des plaisirs séduisants.
    De l'âme pénitente
Elle adoucit les pleurs,
Et de l'âme souffrante
Elle éteint les douleurs.
    Sous ses heureux auspices
On goûte les bienfaits,
Les charmes , les délices
De la plus douce paix.

30.   **AMOUR DIVIN.**

    Brûlons d'ardeur,
Brûlons sans cesse ;
Brûlons d'ardeur
Pour le Seigneur.
A n'aimer que lui tout nous presse,
Lui seul mérite notre cœur.
    Brûlons d'ardeur,

Brûlons sans cesse ;
Brûlons d'ardeur
Pour le Seigneur.
  Lui seul est grand ,
Saint, adorable ;
  Lui seul est grand ,
Seul tout-puissant.
Ah ! qu'il est bon , qu'il est aimable !
Tout en lui , tout est ravissant.
  Lui seul est grand , etc.
  C'est le Seigneur,
Tout charitable ;
C'est le Seigneur,
  Le Rédempteur.
Oh ! qu'un Chrétien est donc coupable,
Lorsqu'il vit pour lui sans ardeur !
  C'est le Seigneur, etc.
  Plein de bonté
Pour un coupable ;
Plein de bonté,
  De charité ,
Ce Dieu , dans son sang adorable ,
A lavé mon iniquité.
  Plein de bonté , etc.
  Quelle douceur
Quand on vous aime !
Quelle douceur !

Ah ! quel bonheur !
On goûte au-dedans de soi-même
Une paix qui ravit le cœur.
Quelle douceur, etc.

31. **DIEU SEUL.**

Il n'est pour moi qu'un seul bien sur
[la terre,
Et c'est Dieu seul ; Dieu seul est mon
[trésor,
Dieu seul, Dieu seul soulage ma misère,
Et vers Dieu seul mon cœur prendra
[l'essor.
Je bénis sa tendresse,
Et répète sans cesse
Ce cri d'amour, cet élan d'un grand
[cœur :
Dieu seul, Dieu seul, voilà le vrai bon-
[heur.

Dieu seul, Dieu seul guérit toute bles-
[sure ;
Dieu seul, Dieu seul est un puissant se-
[cours ;
Dieu seul suffit à l'âme droite et pure ;
Et c'est Dieu seul qu'elle cherche tou-
[jours.
Répétons, ô mon âme !

Ce chant qui seul enflamme,
Ce cri d'amour, cet élan d'un grand
[cœur:
Dieu seul, Dieu seul, voilà le vrai bon-
[heur.

32. BONHEUR DE CEUX QUI AIMENT DIEU.

Heureux qui goûte les doux charmes
De l'aimable et céleste amour !
Son cœur d'une paix sans alarmes
Devient le tranquille séjour.

Esprit-Saint, descends sur la terre,
Embrase-la d'un nouveau feu ;
Ah ! s'il est doux d'aimer un père,
Comment ne pas aimer un Dieu !

O vous que l'infortune afflige,
Ne craignez point votre douleur :
L'amour opère tout prodige,
Il change nos maux en bonheur.

Esprit-Saint, etc.

33. ACTIONS DE GRACES.

Refrain.

Bénissons à jamais,
Bénissons à jamais
Le Seigneur dans ses bienfaits.

Bénissez les Saints-Anges,
Louez sa majesté,
Rendez à sa bonté
Mille et mille louanges.

C'est un bien tendre Père,
Plein de bonté pour nous ;
Il nous supporte tous
Malgré notre misère.

Comme un pasteur fidèle
Sans craindre le travail,
Il ramène au bercail
Une brebis rebelle.

Il a brisé ma chaîne ;
Il est mon Protecteur ;
Et comme un doux Sauveur,
Il soulage ma peine.

Il a guéri mon âme,
Comme un bon médecin ;
Comme un flambeau divin
Il m'éclaire et m'enflamme.

Il me comble à toute heure
De grâce et de faveur ;
Dans le fond de mon cœur
Il a pris sa demeure.

Sa bonté me supporte,
Sa lumière m'instruit,
Sa douceur me ravit,

Son amour me transporte.
   Son cœur sera sans cesse
Ma force et mon appui ;
Je me consacre à lui ;
Son tendre amour me presse.
   Ma devise chérie ,
Ma gloire et mon bonheur
Seront d'être au Seigneur,
Pendant toute ma vie.
   Dieu seul est ma tendresse,
Mon espoir, mon soutien ;
Dieu seul est tout mon bien ,
Ma vie et ma richesse.

54. GLOIRE DES SAINTS.

Chantons les combats et la gloire
Des Saints , nos illustres aïeux :
Ils ont remporté la victoire,
Ils sont couronnés dans les cieux.
Il n'est plus pour eux de tristesse ,
Plus de soupirs, plus de douleurs,
Ils moissonnent dans l'allégresse
Ce qu'ils ont semé dans les pleurs.
   Là, d'une splendeur éternelle
Brillent les martyrs triomphants,
Et dans une gloire immortelle
Règnent les confesseurs constants :

Les vierges offrent leurs couronnes,
Les époux leur fidélité,
Le riche montre ses aumônes,
Et le pauvre sa piété.

Grands Saints, vous êtes nos modèles,
Nous serons vos imitateurs ;
Nous voulons vous être fidèles,
Daignez être nos protecteurs.
Puissions-nous, marchant sur vos traces,
Etre toujours à Dieu soumis !
Sollicitez pour nous ses grâces,
Puisque vous êtes ses amis.

Vous habitez votre patrie
Et nous errons comme étrangers :
Votre sort est digne d'envie,
Et le nôtre plein de dangers.
Vous fûtes tout ce que nous sommes,
Au mal exposés comme nous :
Demandez au Sauveur des hommes
qu'un jour nous vivions avec vous.

55. **LE CIEL.**

Sainte cité, demeure permanente,
Sacré palais qu'habite le grand Roi,
Où doit sans fin régner l'âme innocente,
Quoi de plus doux que de penser à toi ?
O ma patrie !

O mon bonheur !
Toujours chérie,
Sois le vœu de mon cœur.
Dans tes parvis tout n'est plus qu'allé-
[gresse ;
C'est un torrent des plus chastes plaisirs:
On ne ressent ni peine ni tristesse ;
On ne connaît ni plaintes ni soupirs.
Tes habitants ne craignent plus l'orage,
Ils sont au port, ils y sont pour jamais ;
Un calme entier devient leur doux par-
[tage ;
Dieu dans leurs cœurs verse un fleuve
[de paix.
De quel éclat ce Dieu les environne !
Ah ! je les vois tout brillants de clarté:
Rien ne saurait y flétrir leur couronne,
Leur vêtement, c'est l'immortalité.
Pour les Elus il n'est plus d'incons-
[tance,
Tout est soumis au joug du saint amour;
L'affreux péché n'a plus là de puissance;
Tout bénit Dieu dans cet heureux séjour.
Puisque Dieu seul est notre récom-
[pense,
Qu'il soit aussi la fin de nos travaux:
Dans cette vie un moment de souffrance

Mérite au ciel un éternel repos.

Beauté divine, ô beauté ravissante !
Tu fais l'objet du suprême bonheur.
Oh ! quand naîtra cette aurore brillante
Où nous pourrons contempler ta splen-
[deur ?

36. SOUPIRS DES AMES DU PUR-GATOIRE.

Au fond des brûlants abymes
Nous gémissons, nous pleurons,
Et, pour expier nos crimes,
Loin de Dieu nous y souffrons.
Hélas ! hélas !
Feu vengeur, de tes victimes
Les pleurs ne t'éteignent pas.
Hélas ! etc.

A l'aspect de nos supplices,
Chrétiens, attendrissez-vous ;
A nos maux soyez propices ;
O nos frères ! sauvez-nous.
Hélas ! hélas !
Le Ciel, sans vos sacrifices,
Ne les abrégera pas.
Hélas ! etc.

De ces flammes dévorantes
Vous pouvez nous arracher.

Hâtez-vous, âmes ferventes ;
Dieu se laissera toucher.
Hélas ! hélas !
De ces peines si cuisantes
La fin ne vient-elle pas ?
Hélas ! etc.
Grand Dieu, de votre justice
Désarmez le bras vengeur ;
Que notre malheur finisse
Par le sang d'un Dieu sauveur.
Hélas ! hélas !
Votre main libératrice
Ne s'étendra-t-elle pas ?
Hélas ! etc.

57. FÊTE DU S. SACREMENT.

Célébrons ce grand jour par des chants
[d'allégresse,
Nos vœux sont enfin satisfaits ;
Bénissons le Seigneur , publions sa ten-
[dresse,
Chantons, exaltons ses bienfaits.
Pour nous, tout pécheurs que nous som-
Il descend des cieux en ce jour.   [mes,
C'est parmi les enfants des hommes
Qu'il aime à fixer son séjour.
Refrain.
Chantons sous cette voûte antique

Le Dieu qui règne dans nos cœurs ;
Célébrons par un saint cantique
Et son amour et ses faveurs.

    Réunissons nos voix ; que cette au-
                [guste enceinte
Retentisse de nos concerts.
Ces lieux sont tout remplis de la majesté
Du Dieu puissant de l'univers.   [sainte
Bon Père, à des enfants qu'il aime
(Cieux, admirez tant de bonté !)
Il donne, en se donnant lui-même,
Le pain de l'immortalité.

    Oui, Seigneur, désormais rangés sous
                [ton empire,
Nous y voulons vivre et mourir ;
Mais ce vœu que l'amour aujourd'hui
                [nous inspire,
Pouvons-nous sans toi l'accomplir ?
C'est toi qui nous donnas la vie,
Que ta grâce en règle le cours ;
Que ta loi, constamment suivie,
Console enfin nos derniers jours.

38. FETE DU S. SACREMENT.

    Par les chants les plus magnifiques,
Sion, célèbre ton Sauveur :
Exalte dans tes saints cantiques

Ton Dieu, ton Chef et ton Pasteur.
Unis, redouble, pour lui plaire,
Tes transports, tes soins empressés;
Tu n'en pourras jamais trop faire:
Pour lui peut-on en faire assez?

    Offert sur la table mystique,
L'Agneau de la nouvelle loi
Termine enfin la Pâque antique
Qui figurait le nouveau Roi.
La vérité succède à l'ombre,
La loi de crainte se détruit;
La clarté chasse la nuit sombre,
La loi de grâce s'établit.

    Je te salue, ô pain de l'Ange!
Aujourd'hui pain du voyageur;
Toi que j'adore et que je mange,
Remplis-moi d'une vive ardeur.
Loin de toi tout homme profane,
Pain réservé pour ses enfants,
Aliment saint, divine manne,
Objet seul digne de nos chants.

    Au secours de notre misère
Jésus se livre entièrement;
Dans la crèche il est notre frère,
Et sur l'autel notre aliment.
Quand il mourut sur le Calvaire,
Il fut rançon pour le pécheur;

Triomphant dans son sanctuaire,
Il est du juste le bonheur.

Quels bienfaits ! quel amour extrême !
Par un attrait doux et vainqueur,
Tendre Pasteur, Bonté suprême,
Dans cet amour fixe mon cœur.
O pain des forts ! par ta puissance
Soulage mon infirmité ;
Fais qu'engraissé de ta substance,
Je règne dans l'éternité.

39. DÉCORATION DES AUTELS.

Allons parer le sanctuaire,
Ornons à l'envi nos autels ;
Jésus du sein de sa lumière
Descend au milieu des mortels.
Plus il s'abaisse,
Plus sa tendresse
Mérite un généreux retour.
A nos louanges,
O chœur des Anges !
Mêlez vos cantiques d'amour.
Baignons de pleurs l'auguste table
Où son sang coule encor sur nous.
Au pied de ce Calvaire aimable,
Enfants de Dieu, prosternez-vous.
De la justice

Ce sacrifice
Arrête le bras irrité,
Et sur le juste
Sa voix auguste
Du Ciel appelle la bonté.

40.   POUR L'ÉLÉVATION.

Recueillons-nous, le prodige s'opère :
Jésus paraît, Jésus descend des cieux ;
En ce moment il arrive en ces lieux.
Je me prosterne et le revère ;
Je l'adore et je crois.
C'est mon Roi,
C'est mon Père ;
Ce mystère
Ne l'est plus pour moi.
Une céleste lumière
Brille et m'éclaire :
Oui, je le vois.
Disparaissez, vains objets de la terre,
Vous n'aurez plus d'empire sur mon
[cœur.
Jésus ici fait ma joie, mon bonheur.
Je veux le servir et lui plaire ;
N'écouter que sa voix.
C'est pour moi
Qu'il s'abaisse ;

Sa tendresse
Réveille ma foi.
Que sa bonté me bénisse:
Que j'accomplisse
Sa sainte loi.

41.   POUR L'ÉLÉVATION.

Amour au divin Rédempteur !
Il vient s'offrir en sacrifice
Pour fléchir du Ciel la justice.
Répétons tous avec ardeur:
Amour au divin Rédempteur !
Honneur ! c'est lui, c'est notre Dieu:
Chrétiens, rendons-lui nos hommages;
Que la foi perce les nuages
Qui le cachent dans ce saint lieu.
Honneur ! c'est lui, c'est notre Dieu.

42.   POUR L'ÉLÉVATION.

Dans ce profond mystère
Où la foi sait te voir,
Tout en nous te révère;
Tu fais tout notre espoir.
Refrain.
A la fin de la vie,
Divine Eucharistie,
Nourris du pain d'amour,

Dans la cité chérie
Nous te verrons un jour,
  Un jour, un jour.

  Puisse notre tendresse
Obtenir de ton cœur
La sublime sagesse
Qui méne au vrai bonheur !
  Que tout en nous s'unisse
Pour chanter tes bienfaits ;
Que ta bonté bénisse
Nos vœux et nos souhaits.
  Sur nous daigne répandre
Tes bénédictions,
Et fais-nous bien comprendre
La grandeur de tes dons.

45. POUR L'ÉLÉVATION.

  Aux chants de la victoire
Mêlons nos chants d'amour :
  En ce jour,
Dieu descend de sa gloire
Dans cet heureux séjour.
Terre, frémis de crainte :
Voici le Dieu jaloux
  Près de nous ;
Sous sa majesté sainte,
O cieux ! abaissez-vous.

En vain, foudres de guerre,
Vous semez sous vos pas
　　Le trépas.
Jésus dompte la terre
Par de plus doux combats.
Son amour et ses charmes
Sont peints en traits de feux
　　En tous lieux ;
C'est par ces seules armes
Qu'il est victorieux.
　　Ce doux vainqueur s'avance,
Offrez, Chrétiens fervents,
　　Vos présents ;
Offrez en sa présence
Vos vœux et votre encens.
Partout sur son passage
S'il voit voler vos fleurs
　　Et vos cœurs,
Il paîera votre hommage
Des plus riches faveurs.
　　Qu'un nuage obscurcisse
L'éclat de ce grand Roi
　　Devant moi,
Le Soleil de justice
Luit toujours à ma foi.
Perçant les voiles sombres,
Qui dérobent ses feux

A mes yeux,
J'aperçois sous ces ombres
Le Monarque des cieux.

44.   **COMMUNION.**

Mon Bien-Aimé, le trésor des Fidèles,
Veut aujourd'hui me servir d'aliment :
    Faveur nouvelle !
    Festin charmant !
Comblez mes vœux, hâtez-vous, doux
                 [moment :
Anges du ciel, portez-moi sur vos ailes.
   Sans nul éclat ce grand Dieu va pa-
Sur cet autel est-celui que je vois? [raître :
    Est-ce mon Maître ?
    Est-ce mon Roi ?
Laissez, mes yeux, laissez agir ma foi :
Un œil chrétien ne peut le méconnaître.
   Du Roi des rois je suis le tabernacle.
Quoi ! de mon âme un Dieu devient l'é-
    Charmant spectacle !   [poux !
    Espoir trop doux !
Rendez, grand Dieu, mon cœur digne de
               [vous :
Vous pouvez seul opérer ce miracle.
   Que rien en moi, ni passions ni vices,
Ne fasse plus la guerre au Roi des rois.

D'un Dieu propice
Suivons les lois.
Je viens, Seigneur, docile à votre voix,
De mes penchants vous faire sacrifice.
Pour le pécheur que sa tendresse est
[grande!
Qu'elle mérite un généreux retour!
Dieu! quelle offrande
Pour tant d'amour!
Prenez mon cœur, je vous l'offre en ce
[jour
D'être à vous seul, c'est tout ce qu'il de-
[mande!

45. APRÈS LA COMMUNION.

Qu'ils sont aimés, grand Dieu! tes ta-
[bernacles!
Qu'ils sont aimés et chéris de mon cœur!
Là, tu te plais à rendre tes oracles;
La foi triomphe et l'amour est vainqueur.
Qu'il est heureux celui qui te contem-
Et qui soupire au pied de tes autels! [ple
Un seul instant qu'on passe dans ton
[temple
Vaut mieux qu'un siècle au palais des
[mortels.
Autour de moi, les Anges en silence

D'un Dieu caché contemplent la splen-
Anéantis en sa sainte présence,   [deur ;
O Chérubins ! enviez mon bonheur.

Divin Sauveur, objet seul plein de
[charmes,
Ah ! demeurez, ne vous éloignez pas.
Vivre sans vous dans ce séjour de larmes
Serait pour moi plus dur que le trépas.

46.   APRÈS LA COMMUNION.

L'encens divin embaume cet asyle :
Quel doux concert ! quels chants mélo-
[dieux !
Mon cœur se tait et mon âme est tran-
[quille :
La paix du ciel habite dans ces lieux.

Refrain.

O pain de vie !
O mon Sauveur !
L'âme ravie
Trouve en vous son bonheur.

Pour embellir le temple de mon âme,
Le Très-Haut daigne y fixer son séjour.
Je le possède, il m'inspire, il m'enflamme ;
Je l'ai trouvé, je l'aime sans retour.

Je vous adore au dedans de moi-même,
Je vous contemple à l'ombre de la foi :

O Dieu, mon tout, ô Majesté suprème !
Je ne vis plus, mais Jésus vit en moi.
　Je l'ai juré, je vous serai fidèle ;
Je vous promets un immortel amour,
Tant qu'à la nuit une aurore nouvelle
Succédera pour ramener le jour.

47.　ACTION DE GRACES.

Refrain.
O Roi des cieux !
Vous nous rendez tous heureux ;
Vous comblez tous nos vœux
En résidant pour nous dans ces lieux.
De notre bonheur
Vous êtes l'auteur.

Prodige d'amour,
Dans ce séjour
Vous vous immolez pour nous chaque
A l'homme mortel　　[jour ;
Vous offrez un aliment éternel.

Seigneur, vos enfants,
Reconnaissants
Vous offrent les plus tendre sentiments ;
Leurs cœurs, sans retour
Veulent brûler du feu de votre amour ;

Chantons tous en chœur :
5.

Amour, honneur
A Jésus notre aimable Rédempteur !
Chantons à jamais
De son amour les éternels bienfaits.

48.   ACTION DE GRACES.

Chantons en ce jour
Jésus et sa tendresse extrême ;
Chantons en ce jour
Et ses bienfaits et son amour.
Il a daigné lui-même
Descendre dans nos cœurs :
De ce bonheur suprème
Célébrons les douceurs.
Chantons, etc.
O Dieu de grandeur !
Plein de respect, je vous révère ;
O Dieu de grandeur !
J'adore dans vous mon Sauveur :
Si ce profond mystère
Vient éprouver ma foi,
Votre grâce m'éclaire,
Je vous découvre en moi.
O Dieu, etc.
Aimable Sauveur,
Que je ne cherche qu'à vous plaire ;
Aimable Sauveur,

Vous seul ferez tout mon bonheur;
Ami le plus sincère,
Généreux bienfaiteur,
A vous comme à mon Père
Je consacre mon cœur.
   Aimable, etc.
   Pour tous vos bienfaits,
Que vous offrir, ô divin Maître !
Pour tous vos bienfaits
Je me donne à vous pour jamais:
En moi je sentis naître
Les transports les plus doux,
Quand je pus vous connaître,
   Et m'attacher à vous.
    Pour tous, etc.
   O Dieu tout-puissant !
Par votre divine présence,
   O Dieu tout-puissant !
Conservez mon cœur innocent;
Puisque, dès ma jeunesse,
Vous guidâtes mes pas,
Protégez-moi sans cesse,
Couronnez mes combats.
   O Dieu, etc.

49.   RÉSOLUTIONS.

Mon cœur, en ce jour solennel,

Il faut enfin choisir un maître ;
Balancer serait criminel,
Quand Dieu seul est digne de l'être.
C'en est donc fait, ô divin Sauveur ! *(bis.)*
A vous seul je donne mon cœur

    A qui doit-il appartenir,
Ce cœur qui vous doit l'existence,
Que vous avez daigné nourrir
De votre immortelle substance ?
C'en est donc fait, etc.

    A chercher la félicité,
Hélas ! en vain je me consume ;
Loin de vous tout est vanité,
Déplaisir, tristesse, amertume.
C'en est donc fait, etc.

    Vous seul pouvez me rendre heureux,
Je le sens ; oui, votre présence
A pleinement comblé mes vœux,
Et fixé ma longue inconstance.
C'en est donc fait, etc.

    Vous voulez bien me demander
De mon cœur la chétive offrande :
Hésiterais-je d'accorder
Ce que le Tout-Puissant demande !
C'en est donc fait, etc.

    Oui, ce cœur vous est consacré ;
Je veux que toujours il vous aime :

J'en atteste le don sacré
Qu'il tient de votre amour extrême,
C'en est donc fait, etc.

50. RÉSOLUTIONS.

Le monde en vain, par ses biens et
[ses charmes,
Veut m'engager à plier sous sa loi :
Ah ! pour me vaincre, il faut bien d'au-
[tres armes :
Je ne crains rien, Jésus est avec moi.

Monstre infernal, arme-toi de ta rage,
Que tes démons se liguent avec toi ;
Tu ne pourras abattre mon courage ;
Je ne crains rien, Jésus est avec moi.

Non, non, jamais la mort la plus
[cruelle
Ne me fera trahir ce divin Roi ;
Jusqu'au trépas je lui serai fidèle :
Je ne crains rien, Jésus est avec moi.

Que les Enfers, les airs, la terre et
[l'onde,
Conspirent tous pour me remplir d'effroi ;
Quand je verrais crouler sous moi le
[monde,
Je ne crains rien, Jésus est avec moi.

Divin Jésus, mon unique espérance,

Vous pouvez tout ; oui , Seigneur, je le
[crois:
Mon cœur en vous est plein de confiance;
Je ne crains rien , Jésus est avec moi.

51.   SUR LA PERSÉVÉRANCE.

Jour heureux, sainte allégresse,
Jésus règne dans mon cœur ;
Pourquoi donc , sombre tristesse ,
Viens-tu troubler mon bonheur !
Hèlas ! de mon inconstance
J'ai l'affligeant souvenir,
Et pour ma persévérance
Je redoute l'avenir.

Refrain.

Doux Sauveur de l'enfance ,
Cache-nous dans ton cœur ;
Conserve-nous la ferveur
Et le bonheur, et l'innocence ,
Conserve-nous la ferveur
Et l'innocence, et le bonheur.

Je connais trop ma faiblesse ,
Mes penchants impérieux ,
Et la dangereuse ivresse
Que le monde offre à mes yeux ;
Dans sa fureur meurtrière
Je vois l'Enfer accourir !

Ah ! si tout me fait la guerre,
Ne faudra-t-il pas périr ?
 Doux Sauveur, etc.
  Mais quoi ! le Dieu que j'adore
N'est-il plus le Dieu puissant !
Et sitôt que je l'implore
Ne suis-je pas triomphant ?
S'il m'expose à cette guerre,
Est-ce pour m'y voir périr ?
Si je ne suis que poussière,
Sa main peut me soutenir.
 Doux Sauveur, etc.
  Vierge sainte, ô tendre Mère !
Je me jette entre vos bras :
Là, viens me faire la guerre,
Enfer, je ne te crains pas.
A ton nom, Vierge Marie,
Je sens mon cœur s'attendrir ;
Qui t'invoque, obtient la vie :
Qui t'aime ne peut périr.
 Doux Sauveur, etc.

52. POUR LA BÉNÉDICTION.

Courbons nos fronts respectueux ;
Sous ces voiles mystérieux
L'amour cache le Roi des cieux.
Unissons nos pieux cantiques

Aux accents des chœurs angéliques.

Refrain.

Oui, Jésus ! nous le jurons tous,
Nous n'aimerons jamais que vous (*bis*).
Jésus, Jésus,
Nous n'aimerons jamais que vous. (*bis*).

O Jésus ! Monarque éternel,
Puisse, en ce moment solennel,
Notre âme vous servir d'autel !
Que votre divine présence
Nous donne la paix, l'innocence.

55. POUR LA BÉNÉDICTION.

Que cette voûte retentisse
Des voix et des chants des mortels :
Que tout ici s'anéantisse,
Jésus paraît sur nos Autels.
Quoique caché dans ce mystère
Sous les apparences du pain,
C'est notre Dieu, c'est notre Père,
C'est le Sauveur du genre humain.
O divin Epoux de nos âmes !
Dans cet auguste Sacrement,
Embrasez-nous tous de vos flammes,
En vous faisant notre aliment.

54. POUR LA BÉNÉDICTION.

O prodige d'amour ! spectacle ravis-
[sant ?
Sous un pain qui n'est plus, Dieu cache
[sa présence ;
Ici pour le pécheur il est encor mourant;
Les Anges étonnés l'adorent en silence.
Prosternez-vous , offrez des vœux ;
Oui, mortels , c'est le Roi des cieux.
Jésus ! qu'un voile obscur ici couvre à
[mes yeux,
Satisfaites bientôt la soif qui me dévore:
Que je vous voie enfin dans ce royaume
[heureux
Où l'âme , à découvert, vous aime et
[vous adore.
Oh ! quand verrai-je ce beau jour
Qui couronnera mon amour !

55. VISITES AU S. SACREMENT.

Au Dieu d'amour gloire à toute heure,
Honneur à jamais en tous lieux !
Pour nous il abaisse les cieux,
Près de nous il fait sa demeure.
Refrain.
Non , non, non , de tant de bienfaits

Ne perdons jamais la mémoire ;
Non, non, non, ne cessons jamais
De publier partout sa gloire.

Près de nous sa vive tendresse
Le retient la nuit et le jour :
A lui faire souvent la cour,
N'est-il pas juste qu'on s'empresse.

Dans nos travaux, dans nos misères,
Il est le Dieu consolateur ;
Et, dans ses regrets, le pécheur
Trouve en lui le meilleur des pères.

56.   POUR L'AVENT.

Venez, divin Messie,
Sauvez nos jours infortunés ;
Venez, source de vie,
Venez, venez, venez.
Ah ! descendez, hâtez vos pas :
Sauvez les hommes du trépas,
Secourez-nous, ne tardez pas.
Venez, divin Messie, etc.
Ah ! désarmez votre couroux,
Nous soupirons à vos genoux ;
Seigneur, nous n'espérons qu'en vous.
Pour nous livrer la guerre,
Tous les Enfers sont déchaînés ;
Descendez sur la terre :

Venez, venez, venez.

Que nous souffrons de maux divers!
L'affreux démon nous tient aux fers;
Il veut nous conduire aux enfers:
    Vous voyez l'esclavage
Où vos enfants sont condamnés,
    Conservez votre ouvrage:
    Venez, venez, venez.

Que nos soupirs soient entendus!
Les biens que nous avons perdus
Ne nous seront-ils point rendus?
    Voyez couler nos larmes:
Grand Dieu, si vous nous pardonnez,
    Nous n'aurons plus d'alarmes:
    Venez, venez, venez.

Si vous venez en ces bas lieux,
Nous vous verrons victorieux,
Fermer l'Enfer, ouvrir les Cieux:
    Nous l'espérons sans cesse,
Les Cieux nous furent destinés;
    Tenez votre promesse:
    Venez, venez, venez.

57.   NOEL.

Le Fils du Roi de gloire
Est descendu des cieux;
Que nos chants de victoire

Résonnent dans ces lieux :
Il dompte les Enfers,
Il calme nos alarmes ,
Il tire l'Univers
　　　Des fers,
　　Et pour jamais
　　Lui rend la paix ;
Ne versons plus de larmes.
　　L'amour seul l'a fait naître
Pour le salut de tous :
Il fait par-là connaître
Ce qu'il attend de nous.
Un cœur brûlant d'amour
Est le plus bel hommage ;
Faisons-lui tour à tour
　　　La cour ;
　　Dès aujourd'hui
　　N'aimons que lui ;
Qu'il soit mon seul partage.
　　Régnez seul en mon âme ,
O mon divin époux !
N'y souffrez point de flamme
Qui ne brûle pour vous.
Que voit-on dans ces lieux ?
Que misère et bassesse.
Ne portons plus nos yeux ,
　　Qu'aux cieux.

A votre loi ,
Céleste Roi ,
J'obéirai sans cesse.

58.   SAINT NOM DE JÉSUS.

Etre ineffable , à l'âme qui t'adore
Daigne inspirer l'ardeur de tes élus !
Au cœur atteint du feu qui les dévore,
Rien n'est si doux que le nom de Jésus.

Refrain.

Que jour et nuit, du couchant à l'aurore
Tout rende hommage au saint nom de
[Jésus.

Quand je sommeille, il entretient mon
[âme ,
Il rajeunit mes membres abattus ;
Quand je m'éveille , il m'éclaire, il m'en-
[flamme ,
Mon premier mot est le nom de Jésus.

Mon cœur l'invoque au lever de l'au-
[rore ,
Aux feux du jour mes feux se sont accrus;
Quand la nuit vient, mon cœur l'invoque
[encore:
Toujours, toujours mon cœur est à Jé-
[sus.

Je l'ai cherché quand j'étais dans la
[peine;

Je l'ai trouvé, mes maux sont disparus.
Mais, ô bonheur d'une âme qu'il en—
[chaîne !
Pour le sentir, il faut aimer Jésus.

59. **VIVE JÉSUS.**

Vive Jésus !
C'est le cri de mon âme ;
Vive Jésus ! c'est le Dieu des vertus :
Aimable nom, quand ma voix te réclame,
D'un nouveau feu pour toi mon cœur
Vive Jésus ! (*bis.*) [s'enflamme :

Vive Jésus !
C'est le cri qui rallie
Sous ses drapeaux le peuple des élus.
Suivre Jésus, c'est aussi mon envie ;
Suivre Jésus, c'est mon bien, c'est ma
Vive Jésus ! (*bis.*) [vie :

Vive Jésus !
C'est un cri d'espérance
Pour les pécheurs repentants et confus ;
Sur eux du ciel attirant la clémence,
Ce nom sacré soutient leur pénitence ;
Vive Jésus ! (*bis.*)

Vive Jésus !
A ce cri de vaillance,

Je verrai fuir les démons éperdus.
Un mot suffit pour dompter leur puis-
[sance ,
Pour terrasser leur superbe insolence :
Vive Jésus ! (*bis.*)

Vive Jésus !
C'est le cri de victoire
Des bienheureux que le Ciel a reçus ;
De leurs combats consacrant la mémoire,
Ce nom puissant éternise leur gloire.
Vive Jésus ! (*bis.*)

Vive Jésus !
Vive sa tendre Mère !
Elle est aussi la Mère des élus.
Si nous l'aimons , si nous voulons lui
[plaire,
Chantons Jésus, notre Dieu, notre frère,
Vive Jésus ! (*bis.*)

Vive Jésus !
Qu'en tous lieux la victoire
Mette à ses pieds les méchants confon-
[dus :
O nom sacré ! nom cher à ma mémoire,
Puissé-je vivre et mourir pour ta gloire!
Vive Jésus ! (*bis.*)

60.   L'ADORATION DES MAGES.

Suivons les Rois dans l'étable
Où l'étoile les conduit :
Que vois-je ? un enfant aimable
De sa crèche les instruit,
O ciel ! quel trait de lumière
Frappe mes yeux et mon cœur !
Dans le sein de la misère,
Que d'éclat et de grandeur !

Il ne doit point leur hommage
A l'éclat d'un vain dehors :
L'indigence est son partage ;
Ses vertus sont ses trésors.
Sa splendeur, ni sa couronne,
Pour ses yeux n'ont point d'attraits ;
Une crèche fait son trône ;
Une étable est son palais.

O réduit pauvre et champêtre !
Dans ton paisible séjour
L'univers offre à son Maître
Le tribut de son amour.
Enfin, l'heureux jour s'avance
Qu'à nos pères Dieu promit ;
A Bethléem il commence ;
Sur la croix il s'accomplit.

61. LA PASSION DE JÉSUS-CHRIST.

Au Sang qu'un Dieu va répandre,
Ah ! mêlez du moins vos pleurs,
Chrétiens qui venez entendre
Le récit de ses douleurs ;
Puisque c'est pour vos offenses
Que ce Dieu souffre aujourd'hui,
Animé par ses souffrances,
Vivez et mourez pour lui.

Dans un jardin solitaire
Il sent de rudes combats ;
Il prie, il craint, il espère ;
Son cœur veut, et ne veut pas,
Tantôt la crainte est plus forte,
Tantôt l'amour est plus fort ;
Mais enfin l'amour l'emporte ;
Il se soumet à la mort.

Judas que la fureur guide,
L'aborde d'un air soumis
Il l'embrasse, et ce perfide
Le livre à ses ennemis.
Judas, un pécheur t'imite,
Quand il feint de l'apaiser ;
Souvent sa bouche hypocrite
Le trahit par un baiser.

On l'abandonne à la rage

6

De cent tigres inhumains ;
Sur son aimable visage
Les soldats portent les mains.
Vous deviez, Anges fidèles,
Témoins de ses attentats,
Ou le mettre sous vos ailes,
Ou frapper tous ces ingrats.

    Une couronne cruelle
Perce son auguste front :
A ce chef, à ce modèle,
Mondains, vous faites affront ;
Il languit dans les supplices,
C'est un homme de douleurs ;
Vous vivez dans les délices,
Vous vous couronnez de fleurs.

    Il marche, il monte au Calvaire,
Chargé d'un infâme bois.
De là, comme d'une chaire,
Il fait entendre sa voix :
Ciel, dérobe à la vengeance
Ceux qui m'osent outrager :
C'est ainsi, quand on l'offense,
Qu'un chrétien doit se venger.

    Il expire, et la nature
Dans lui pleure son Auteur ;
Il n'est point de créature
Qui ne marque sa douleur.

Un spectacle si terrible
Ne pourra-t-il me toucher?
Et serai-je moins sensible
Que n'est le plus dur rocher?

62.   **FÊTE DE PAQUES.**

Jésus paraît en vainqueur,
  Sa bonté, sa douceur
Est égale à sa grandeur :
Jésus paraît en vainqueur ;
Aujourd'hui donnons-lui notre cœur.
    Malgré nos forfaits,
    Ses dons, ses bienfaits,
    Ses divins attraits
Ne nous parlent que de paix.
    Pleurons nos forfaits,
    Chantons ses bienfaits,
Rendons-nous à ses divins attraits.
  Que tout éclate en concerts !
    Jésus brise les fers
De la mort et des Enfers.
    Que tout éclate en concerts !
Que son nom réjouisse les airs !
    Juste Ciel ! quel choix !
    Quoi ! le Roi des rois
    A dû, par sa croix,
Au ciel acquérir ses droits !

Embrassons la croix ;
Que ce libre choix
Au Ciel assure à jamais nos droits !
　　O mort ! où sont-ils tes dards ?
　　Je vois , de toutes parts ,
Tomber tes noirs étendards.
O mort ! où sont-ils tes dards ?
Mon Sauveur a détruit tes remparts.
　　En vain de ton bras ,
　　Tu le saisiras ,
　　Et dans tes états
O mort ! tu l'enchaîneras.
　　Vainqueur de ton bras ,
　　Le Dieu des combats
Pour jamais enchaîne le trépas.

63.　　　　**O FILII ET FILIÆ.**

Chantons un cantique nouveau ,
Jésus est sorti du tombeau ,
Il est vraiment ressuscité :
　　Dieu soit loué :
Le Sauveur est ressuscité :
　　Dieu soit loué.
Magdeleine , dans la douleur ,
Court au tombeau de son Sauveur
Pour embaumer son corps sacré ;
　　Dieu soit loué. etc.
Les Disciples au point du jour ,

Cherchant l'objet de leur amour,
A son sépulcre sont allés.   Dieu.

Jean, le disciple bien-aimé,
D'aller au tombeau s'est hâté :
Avant Pierre il est arrivé.   Dieu.

Un Ange du ciel, tout brillant,
Leur dit que Jésus est vivant,
Qu'ils le verront en Galilée.   Dieu.

Le Sauveur enfin s'est montré
A ses disciples assemblés ;
Sa sainte paix leur a donné.   Dieu.

Thomas n'étant pas avec eux
Quand Jésus parut à leurs yeux,
Douta qu'il fût ressuscité.   Dieu.

Voyez, Thomas, lui dit Jésus,
Mes mains, mes pieds : ne doutez plus :
Mettez le doigt dans mon côté.   Dieu.

Thomas ayant vu le Sauveur,
S'écria : Mon Dieu ! mon Seigneur !
Ah ! je vous crois ressuscité.   Dieu.

Bienheureux ceux qui n'ont point vu,
A Dieu qui fermement ont cru :
Le ciel pour eux est assuré.   Dieu.

Voici donc le jour du Seigneur :
Célébrons, chantons ses grandeurs ;
Bénissons ce Dieu de bonté.   Dieu.

Annonçons partout ses hauts faits,

Chantons, célébrons ses bienfaits,
Devant ce grand Dieu prosternés. Dieu.

64. TRIOMPHE DE LA CROIX.

Célébrons la victoire
D'un Dieu mort sur la croix,
Et pour chanter sa gloire,
Réunissons nos voix :
De son amour extrême
Cédons aux traits vainqueurs ;
Pour le Dieu qui nous aime,
Réunissons nos cœurs.

CHOEUR :

Du vainqueur de l'Enfer célébrons la vic-
[toire ;

Réunissons nos cœurs, réunissons nos
[voix ;

Chantons avec transport son triomphe
[et sa gloire,

Chantons : Vive Jésus ! chantons : Vive sa
[croix ! (*bis.*)

Tel qu'après les orages,
Le soleil radieux
Dissipe les nuages,
Rend leur éclat aux Cieux ;
Tel le Dieu que j'adore,
Trop longtemps ignoré,

Du couchant à l'aurore
Voit son nom adoré.

La croix, heureux asile
De l'Univers soumis,
Brave l'orgueil stérile
De ses fiers ennemis ;
On s'empresse à lui rendre
Des hommages parfaits ;
Sa gloire va s'étendre
Autant que ses bienfaits.

Quel éclat l'environne !
Elle voit à ses pieds
Le sceptre et la couronne
Des rois humiliés.
Rome cherche à lui plaire,
Tout suit ses étendards ;
Et le Dieu du Calvaire
Est le Dieu des Césars.

Que le Ciel aplaudisse
Aux chants de son amour,
Et que l'Enfer frémisse
Du bonheur de ce jour !
Chantons tous la victoire
Du maître des vainqueurs ;
Consacrons à sa gloire
Et nos voix et nos cœurs.

64. PLANTATION D'UNE CROIX.

Le Seigneur a régné : monument de
[sa gloire,
La croix triomphe en ce grand jour ;
Peuples, applaudissez : que les chants de
[victoire
Se mêlent aux concerts d'amour :
Le Dieu de majesté s'avance,
Il vient habiter parmi nous ;
Pécheurs, fuyez de sa présence ;
Justes, tombez à ses genoux.

CHOEUR.

Lève-toi, signe salutaire,
Bois auguste, bois protecteur ;
Lève-toi, brille sur la terre,
Astre de paix et de bonheur.

Aplanissez la voie à celui que les Anges
Transportent des hauteurs des cieux :
Le Seigneur est son nom ; rendez mille
A ce nom saint et glorieux.   [louanges
Pour le méchant, juge sévère,
Mais, pour le juste, Dieu sauveur
En lui l'orphelin trouve un père,
Et la veuve un consolateur.

Dieu se lève : par lui, sur la sainte
[montagne,

La terre et les cieux vont s'unir ;
Avec ce doux regard que la grâce accom-
                                    [pagne,
Il tend les bras pour nous bénir.
Si jamais nous étions parjures ,
Nous viendrions pleurer à ses pieds ,
Et retremper dans ses blessures
Nos cœurs contrits, humiliés.

66. L'ASCENSION DE N. S. J.-C.

Quel spectacle s'offre à ma vue !
Un Dieu s'élève dans les airs ;
Des anges entourent la nue
Qui le dérobe à l'Univers.
Tout s'empresse sur son passage:
Il trace un rayon lumineux ;
Porté sur un léger nuage,
Il monte aujourdhui vers les cieux (bis.)
    Il va jouir de sa victoire
Et du fruit de ses longs combats ,
Assis sur un trône de gloire ,
Il m'invite à suivre ses pas ;
Le ciel sera mon héritage ,
Je partagerai son bonheur :
Et son triomphe est l'heureux gage
De ma gloire et de ma grandeur.
    Mais avant de quitter la terre ,

Et d'entrer au ciel en vainqueur,
Il a parcouru la carrière
Et le sentier de la douleur.
C'est par la croix que la couronne
Brille sur son front radieux ;
Ce n'est qu'à ce prix qu'on la donne
Et qu'on triomphe dans les cieux.

     Oui, la croix est l'unique route
Qui mène à l'éternel bonheur ;
Aussi je veux, quoi qu'il m'en coûte,
Suivre les traces du Sauveur.
Seigneur, soutenez mon courage
Guidez, affermissez mes pas ;
Régnez dans mon cœur sans partage,
Qu'il n'aime que vous ici-bas.

67.   **CŒUR DE JÉSUS.**

     Perçant les voiles de l'aurore,
Le jour apparaît dans les cieux :
Ainsi, cœur sacré que j'adore,
Tout rayonnant d'amour, tu viens frap-
               [per mes yeux.

Refrain.

Séraphins, à ce Roi suprème
Souffrez que j'offre vos ardeurs :
Pour aimer Jésus comme il aime,
Faibles mortels, c'est trop peu de nos
               [cœurs.

Toujours dans cet heureux asile
Jésus fixera son séjour :
Venez, peuple tendre et docile ,
Venez donner vos cœurs au cœur du
[Dieu d'amour.

Ce cœur généreux, magnanime ,
Du Ciel irrité contre nous
Voulut devenir la victime ,
Et nous mettre à l'abri des traits de son
[couroux.

Autour de ce cœur, ô saints Anges,
Tremblants et joyeux à la fois ,
Chantez , célébrez ses louanges ;
A vos chants s'uniront et nos cœurs et
[nos voix.

O Cœur, notre unique espérance !
Couronne en ce jour tes bienfaits :
Deviens le salut de la France ,
Et force tous les cœurs à t'aimer à ja-
[mais.

68. PLAINTES DE JÉSUS ABAN-DONNÉ.

Peuple infidèle ,
Quoi ! vous me trahissez !
Je vous appelle ,
Et vous me délaissez !

Si je suis votre Père ,
Cessez de me déplaire ;
   Enfants ingrats ,
Revenez dans mes bras.
   Mon cœur soupire
Et la nuit et le jour :
   Il ne désire
Qu'un mouvement d'amour.
Hélas ! pour une idole
On se livre , on s'immole :
   Et pour Jésus,
On n'a que des refus.
   En vain mes charmes
S'offrent à mes enfants ;
   En vain mes larmes
S'écoulent par torrents :
Dédaignant ma tendresse ,
Ils m'outragent sans cesse ;
   Avec transport
Ils courent à la mort.
   Que puis-je faire
Pour attendrir vos cœurs ?
   J'ai du Calvaire
Epuisé les douleurs.
J'ai fermé les abîmes
  Qu'avaient ouverts vos crimes ;
   Et vous , ingrats ,

Vous fuyez de mes bras !
  Jésus expire ;
Jésus est délaissé.
  Par quel délire
L'homme est-il donc poussé ?
Il fuit son bien suprême,
Un Dieu , la bonté même ;
  De son Sauveur
Il déchire le cœur.
  Ah ! divin Maître !
Je vous rends mon amour.
  De tout mon être ,
Disposez sans retour.
Séchez enfin vos larmes :
L'ingrat cède à vos charmes ;
  Et son vainqueur,
C'est votre divin Cœur.

69. TRIOMPHE DU CŒUR DE JÉSUS

D'un Dieu plongé dans la tristesse,
Mortel, écoute les accents :
Je t'aime, hélas ! et ma tendresse
S'exhale en soupirs impuissants.
Enfant ingrat, cœur inflexible,
Mais toujours si cher à mon cœur,
Seras-tu toujours insensible
A mon amour, à ma douleur ?

Non, non, consolez-vous, Seigneur;
De votre cœur blessé la voix attendris-
[sante,
Dans ces jours d'opprobre et d'erreur,
Après tant de combats sort enfin triom-
Chœur. [phante.
Triomphez donc, cœur de Jésus,
Mon cœur est enchaîné, il est votre vic-
Triomphez donc, cœur de Jesus, [toire;
Vous serez à jamais mon amour et ma

Il nous invite, il nous appelle, [gloire.
Nous captive par des bienfaits.
Ah! qui de nous encor rebelle.
Ferme le cœur à tant d'attraits?
En vous, cœur mille fois aimable,
Notre âme a trouvé le repos,
Et le bonheur seul véritable
Dans vos charmes toujours nouveaux.
La paix au sein de tous les maux
Du cœur qui vous honore est l'heureux
[apanage;
Votre amour charme les travaux
Et les tristes ennuis du long pélerinage.

70. APPEL A L'AUTEL DE MARIE.

Venez, ô famille chérie!
Parmi les plus joyeux transports,

Venez présenter à Marie
Vos cœurs unis à vos accords.
C'est notre Reine et notre Mère;
A l'aimer consacrons nos jours.
Heureux l'enfant qui sait lui plaire
    Toujours, toujours, toujours.
  Que son amour offre de charmes!
Que son service a de douceurs!
Marie, en essuyant nos larmes,
Change nos épines en fleurs.
C'est notre Reine et notre Mère;
Chantons son amour, ses bienfaits.
Plutôt mourir que lui déplaire
    Jamais, jamais, jamais.
  De tous les biens source féconde,
Source de vie et de bonheur,
Toujours par torrents sur le monde
Les grâces coulent de son cœur.
C'est notre Reine et notre Mère;
A l'aimer consacrons nos jours.
Heureux l'enfant qui sait lui plaire
    Toujours, toujours, toujours.
  Pardon si notre indifférence,
O Vierge! oublia tes faveurs;
Des mains de la reconnaissance
En ce jour accepte nos cœurs.
C'est notre Reine et notre Mère;

Chantons son amour, ses bienfaits.
Plutôt mourir que lui déplaire
        Jamais, jamais, jamais.
    Sur tes enfants, tendre Marie,
Etends la main pour les bénir.
Dans l'exil et dans la patrie,
Puisse ton amour les unir !
O notre Reine ! ô notre Mère !
A t'aimer consacrant nos jours,
Nous voulons vivre pour te plaire
        Toujours, toujours, toujours.

71. IMMACULÉE CONCEPTION DE MARIE.

    Quelle est cette aurore nouvelle
Dont l'éclat éblouit mes yeux ?
Ah ! qu'elle est pure ! ah ! qu'elle est belle !
Est-il astre plus radieux ?
Repliant tes voiles funèbres,
Trop longue nuit, rentre aux enfers,
Et de l'empire des ténèbres
Délivre enfin cet univers.
    Je la vois, ma libératrice,
S'élever avec majesté ;
Toute brillante de justice,
Des cieux effacer la beauté.
Chef-d'œuvre de la main divine,

Quel pinceau saisira tes traits ?
Et de ta sublime origine
Qui me dira tous les secrets ?
　Du haut des cieux, Vierge puissante,
Laisse-toi toucher de nos maux.
Hélas ! d'une chaîne pesante
Nous traînons les tristes anneaux.
A vivre au milieu des alarmes
Sommes-nous toujours destinés ?
A nous nourrir d'un pain de larmes
Le Ciel nous a-t-il condamnés ?
　Souviens-toi que, brisant la tête
Du plus cruel de nos tyrans,
L'univers devint ta conquête,
Et nous devenons tes enfants.
Jésus t'a mise sur le trône
Afin de conjurer ses coups ;
Si ton amour nous abandonne,
Qui pourra le fléchir pour nous ?

72. NATIVITÉ DE LA Ste VIERGE.

Quel beau jour vient s'offrir à mon ame
Nous inspirer des chants joyeux ? [ravie,
Les temps sont accomplis ; Dieu prépare
　　　　　　　　　　　[en Marie
L'accord de la terre et des Cieux.
Cette terre ingrate et rebelle

Du Ciel provoquait le courroux;
Vierge humble, modeste et fidèle,
C'est toi qui vas nous sauver tous.

Chœur.

Chantons cette fête chérie,
Ce jour de grâce et de bonheur,
Et que le doux nom de Marie
Règne à jamais dans notre cœur.

Triomphez, ô mortels! et que l'Enfer fré-
Tous ses efforts sont impuissants; [misse,
Dieu, qui sait embrasser la paix et la jus-
Vous adopte pour ses enfants.   [tice,
Ah! puisqu'il devient notre frère,
Rien ne doit manquer à nos vœux;
Il sait bien qu'il faut une mère
A l'homme faible et malheureux.

O divine Marie! ô notre tendre Mère!
Daignez nous bénir en ce jour;
Songez que cet asyle est votre sanctuaire,
Qu'il a des droits à votre amour.
A cette famille attendrie
Inspirez toujours la ferveur,
Et qu'au ciel comme en cette vie
Nous soyons tous en votre cœur.

73. NATIVITÉ DE LA Ste VIERGE.

De tes enfants reçois l'hommage,

Prête l'oreille à leurs accents ;
Seigneur, c'est ton plus noble ouvrage
Qu'ils vont célébrer dans leurs chants.
Ranimé par ta main puissante,
Plein d'un espoir consolateur,
David de sa tige mourante
Voit germer la plus belle fleur.

Refrain.

Pleine de grâce, ô Reine incomparable,
L'honneur, la gloire et l'appui d'Israël !
Jetez sur nous un regard favorable ;
De cet exil conduisez-nous au ciel.

Des ennuis, des maux, des alarmes
Cette terre était le séjour ;
Mais le Ciel, pour tarir nos larmes,
Nous donne une Mère en ce jour.
Chantons cette Mère chérie,
Offrons-lui le don de nos cœurs ;
Qu'avec nous l'univers publie
Et ses beautés et ses grandeurs.
Pleine de grâce, etc.

74. AU CŒUR DE MARIE.

Cœur sacré de Marie,
Cœur tout brûlant d'amour,
Cœur que la terre envie
Au céleste séjour,

Communique à nos âmes
Un rayon de ce feu,
De ces divines flammes
Dont tu brûlas pour Dieu.
   Sanctuaire ineffable
Où reposa Jésus,
O source intarissable
De toutes les vertus !
Percé sur le Calvaire
D'un glaive de douleurs,
Tu ne vois sur la terre
Que mépris, que froideurs.
   Cœur tendre, cœur aimable,
Des pécheurs le secours,
Leur malice exécrable
Te perce tous les jours.
Ah ! puissent nos hommages
Réparer aujourd'hui
Tant de sanglants outrages
Qu'on te fait à l'envi !
   Montre-toi notre Mère ;
De tes enfants chéris
Reçois l'humble prière
Pour l'offrir à ton Fils.
Conduis-nous sous ton aile
Jusqu'au cœur de Jésus :
Une mère peut-elle
Essuyer un refus ?

75. ASSOMPTION DE LA S. VIERGE.

Triomphez, Reine des Cieux,
A vous bénir que tout s'empresse ;
Triomphez, Reine des Cieux,
Et par nos chants et par nos vœux.
Que l'amour nous prête,
Dans ce jour de fête,
Que l'amour nous prête
Ses plus doux transports,
Et que notre voix s'apprête
A redoubler ses efforts.
Triomphez, etc.
Célébrons en ce saint jour
Les grandeurs de l'humble Marie ;
Célébrons en ce saint jour
Ses bienfaits et son tendre amour.
Le Ciel et la terre,
Ravis de lui plaire,
Le Ciel et la terre
Chantent ses appas.
Vos enfants, ô tendre Mère !
Seuls ne vous béniront pas.
Célébrons, etc.
Qu'à jamais de ses faveurs
Nos chants rappellent la mémoire ;
Qu'à jamais de ses faveurs

Le souvenir charme nos cœurs.
  Sans cesse enrichie,
  Jeunesse chérie,
  Sans cesse enrichie
  Des plus heureux dons,
C'est de la main de Marie
Qu'ici nous les possédons,
 Qu'à jamais, etc.
Achevez notre bonheur,
Retracez en nous votre image ;
Achevez notre bonheur,
Et formez-nous sur votre cœur.
  Guidez dès l'enfance,
  Par votre puissance,
  Guidez dès l'enfance
  Nos pas chancelants,
Et que l'aimable innocence
Couronne nos derniers ans.
 Achevez, etc.

76. BONHEUR DE SERVIR MARIE.

Heureux qui dès le premier âge,
Honorant la Reine des Cieux,
Fuit les dons qu'un monde volage
Etale avec pompe à ses yeux !
Qu'on est heureux sous son empire !
Qu'un cœur pur y trouve d'attraits !

out y ressent, tout y respire
'amour, l'innocence et la paix.
 Mondain, ta grandeur tout entière
'anéantit dans le tombeau;
'instant où finit ta carrière
u juste est l'instant le plus beau :
a paix règne sur son visage,
on cœur est embrasé d'amour;
a vie a coulé sans nuage,
a mort est le soir d'un beau jour.
 Régnez, Vierge sainte, en notre âme,
ous y ferez régner la paix.
ravez dans nous en traits de flamme
e souvenir de vos bienfaits.
lettez à l'ombre de vos ailes
es cœurs qui vous sont consacrés ;
ers les demeures éternelles
uidez nos pas mal assurés.

77. CONSÉCRATION A LA S. VIERGE.

 Mère de Dieu, d'un solennel hommage
A vos autels nous apportons l'encens;
Reconnaissez, écoutez le langage
De vos amis, de vos tendres enfants.
Refrain.
Tendre Marie,
Par vos faveurs

Toujours chérie,
Vous vivez dans nos cœurs;
A votre honneur nous vouons notre en-
[fance,
Nos jeux, nos soins, nos travaux, nos
[plaisirs,
Nos premiers ans et notre adolescence,
L'âge plus mûr et les derniers soupirs.

Anges, soyez témoins de ma promesse;
Cieux, écoutez ce serment solennel :
Oui, c'en est fait, mon cœur plein de ten-
Jure à Marie un amour éternel. [dresse

Si je devais, infidèle et volage,
Un seul moment cesser de vous chérir,
Tranchez mes jours à la fleur de mon âge;
Je vous conjure, ah ! laissez-moi mourir.

78. CONSÉCRATION A LA S. VIERGE.

Je veux célébrer par mes louanges
La gloire de la Reine des Cieux,
Et, m'unissant au concert des Anges,
Je m'engage à la chanter comme eux.

Si, du monde écoutant le langage,
Du plaisir j'ai cherché les attraits,
A vous posséder seule en partage
Je m'engage aujourd'hui pour jamais.

Mère sensible et compatissante,

Soutenez au milieu des combats
Les efforts d'une âme pénitente
Qui s'engage à marcher sur vos pas.

Tu n'es plus qu'une terre étrangère
Pour moi, monde volage et trompeur ;
Je ne veux plus servir que ma Mère,
Qui s'engage à faire mon bonheur.

Sur vos pas, ô divine Marie !
Plus heureux qu'à la suite des rois,
Dès ce jour, et pour toute ma vie,
Je m'engage à vivre sous vos lois.

79. GRANDEURS DE MARIE.

Unis aux concerts des Anges,
Aimable Reine des Cieux,
Nous célébrons tes louanges
Par nos chants mélodieux.

Refrain.

De Marie
Qu'on publie
Et la gloire et les grandeurs ;
Qu'on l'honore,
Qu'on l'implore,
Qu'elle règne sur nos cœurs.

C'est la Vierge incomparable,
Gloire et salut d'Israël,
Qui pour un monde coupable

7

Fléchit le courroux du Ciel.

Ah ! vous seuls pouvez nous dire,
Mortels qui l'avez goûté,
Combien doux est son empire,
Combien grande est sa bonté.

Qui jamais de la détresse
Lui fit entendre le cri,
Et n'obtint de sa tendresse
Sous son œil un seul abri ?

Oui, je veux, ô tendre Mère !
Jusqu'à mon dernier soupir,
T'aimer, te servir, te plaire,
Et pour toi vivre et mourir.

80. CONFIANCE EN MARIE.

Je mets ma confiance,
Vierge, en votre secours ;
Servez-moi de défense,
Prenez soin de mes jours,
Et quand ma dernière heure
Viendra fixer mon sort,
Obtenez que je meure
De la plus sainte mort.

A votre bienveillance,
O Vierge ! j'ai recours ;
Soyez mon assistance
En tous lieux et toujours.

Vous êtes notre Mère,
Jésus est votre Fils ;
Portez lui la prière
De vos enfants chéris.

Sainte Vierge Marie,
Asyle des pécheurs,
Prenez part, je vous prie,
A mes justes frayeurs.
Vous êtes mon refuge,
Votre Fils est mon Roi,
Mais il sera mon Juge ;
Intercédez pour moi.

Ah ! soyez-moi propice
Quand il faudra mourir ;
Apaisez sa justice,
Que je crains de subir.
Mère pleine de zèle,
Protégez votre enfant ;
Je vous serai fidèle
Jusqu'au dernier instant.

81. CONFIANCE EN MARIE.

Vous qu'en ces lieux combla de ses
Une Mère auguste et chérie, [bienfaits
Enfants de Dieu, que vos chants à ja-
Exaltent le nom de Marie. (bis.) [mais
Je vois monter tous les vœux des mor-
Vers le trône de sa clémence ; [tels

Tout à sa gloire élève des autels
Des mains de la reconnaissance.

CHOEUR.

Nous qu'en ces lieux combla de ses
Une Mère auguste et chérie, [bienfaits
Enfants de Dieu, que nos chants à ja-
Exaltent le nom de Marie. (*bis*.) [mais

Heureux celui qui, dès ses premiers ans,
Mit tout son bonheur à lui plaire ;
Heureux ceux qu'elle adopta pour en-
[fants :
La Reine des Cieux est leur mère.
Oui, sa bonté se plait à secourir
Un cœur confiant qui la prie.
Siècles, parlez... vit-on jamais périr
Un vrai serviteur de Marie ?

Vos fronts, pécheurs, pâlissent abat-
A l'aspect du souverain Juge. [tus
Ah ! si Marie est reine des vertus,
Des pécheurs elle est le refuge. (*bis*.)
Déposez donc en son sein maternel
Votre repentir et vos larmes.
Elle prîra !.... des mains de l'Eternel
Bientôt s'échapperont les armes.

82. **A MON SECOURS.**

Refrain.

A mon secours,
Vierge Marie,
Mère chérie,
Venez vite, venez toujours
A mon secours,

Voyez dans quel abîme
Je suis près de tomber,
Malheureuse victime,
Ah ! je vais succomber
Sous le poids de mon crime.

Le lis de l'innocence
Est tombé de ma main
La divine Espérance
S'échappe de mon sein,
O Mère de clémence !

L'Enfer qui m'environne
Me glace de terreur,
Ma force m'abandonne,
Serait-il donc vainqueur ?
Non, vous êtes trop bonne.

Non, non je ne puis croire
Que l'Enfer frémissant
Remporte la victoire...
Il vivra votre enfant
Vous en aurez la gloire.

83. ELLE EST MA MÈRE.

Elle est ma Mère !
Comment ne l'aimerais je pas ?
Elle a pitié de ma misère,
Sa douce main guide mes pas ;
Elle est ma force et ma lumière,
Comment ne l'aimerais-je pas,
Marie ! elle est ma Mère !

Elle est ma Mère !
Ah ! je ne l'oublierai jamais
Dans son aimable sanctuaire
J'irai toujours chercher la paix,
Toujours elle aura ma prière :
Non, je ne l'oublîrai jamais
Marie, elle est ma Mère !

Elle est ma Mère !
Elle ne l'oubliera jamais.
Satan m'a déclaré la guerre,
Mais elle brisera ses traits ;
Elle me soutient et m'éclaire,
Elle ne m'oublîra jamais,
Marie, elle est ma Mère !

Elle est ma Mère !
Comment ne l'aimerais-je pas ?
Ah ! je l'aime, et, mon cœur l'espère,
Je l'aimerai jusqu'au trépas.

Je veux dire en quittant la terre :
Comment ne l'aimerais-je pas,
Marie ! elle est ma Mère !

84. CHANT DE S. CASIMIR.

Reine des Cieux ,
Jette les yeux
Sur ce béni sanctuaire
Et des pécheurs
Guéris les cœurs ,
Et montre-toi notre Mère !
Des noirs Enfers
Brise les fers ,
Ces fers d'un dur esclavage ;
Eteins les feux
De l'antre affreux ,
Et sauve-nous de sa rage.
Astre des mers ,
Des flots amers
Calme la vague écumante ;
Chasse la mort,
Et mène au port
Notre nacelle tremblante.
Ne souffre pas
Que le trépas
Nous surprenne dans le crime ;
Non, ton enfant

Du noir serpent
Ne sera pas la victime.
Si les accents
De tes enfants
S'élèvent jusqu'à ton trône,
Dans ce séjour
Du bel amour
Garde-leur une couronne.
Accorde-nous
De t'aimer tous
Dans la céleste patrie,
Et d'y fêter
Et d'y chanter
L'aimable nom de Marie !

85. SUR LE SALVE, REGINA.

Je vous salue, auguste et sainte Reine,
Dont la beauté ravit les immortels,
Mère de grâce, aimable Souveraine,
Je me prosterne au pied de vos autels.

Refrain.

O divine Marie,
Mère tendre et chérie !
Amour, amour, c'est le cri de nos cœurs,
Reçois nos vœux, comble-nous de fa-
[veurs.

Je vous salue, ô divine Marie !

Vous méritez l'hommage de nos cœurs,
Après Jésus vous êtes et la vie,
Et le refuge, et l'espoir des pécheurs.

Fils malheureux d'une coupable mère;
Bannis du Ciel, les yeux baignés de
[pleurs,
Nous vous faisons de ce lieu de misère,
Par nos soupirs entendre nos douleurs.

Ecoutez-nous, puissante Protectrice,
Tournez vers nous vos yeux compatis-
[sants,
Et faites voir, qu'à nos larmes propice
Du haut des Cieux vous aimez vos en-
[fants.

O douce! ô tendre! ô pieuse Marie!
Vous dont Jésus mon Dieu reçut le jour,
Faites qu'après l'exil de cette vie
Nous le voyions dans l'éternel séjour.

86. SOUVENEZ-VOUS.

CHOEUR.

Souvenez-vous, ô tendre Mère!
Qu'on n'eut jamais recours à vous
Sans voir exaucer sa prière;
Et dans ce jour exaucez-nous.

Des siècles écoulés j'interroge l'his-
[toire:

7.

Pour dire vos bienfaits ils n'ont tous
[qu'une voix ;
Verrai-je en un seul jour s'obscurcir tant
[de gloire
L'invoquerai-je en vain pour la première
[fois ?
Marie aux vœux de tous prêta toujours
[l'oreille
Le juste est son enfant, il peut tout sur
[son cœur ;
Mais auprès du pécheur jour et nuit elle
[veille :
Il est son fils aussi, l'enfant de sa dou-
[leur.
Et moi de mes péchés traînant la lon-
[gue chaîne,
Vierge sainte à vos pieds j'implore mon
[pardon ;
Me voici tout tremblant, et je n'ose qu'à
[peine
Lever les yeux vers vous, prononcer vo-
[tre nom.
Mais quoi ! je sens mon cœur s'ouvrir
[à l'espérance !
Il retrouve la paix, il palpite d'amour ;
Je n'ai pas vainement imploré sa clé-
[mence :
La Mère de Jésus est ma mère en ce jour.

87. ADIEUX A L'AUTEL DE MARIE.

Il faut quitter le sanctuaire
Où j'ai retrouvé le bonheur,
Mais je veux auprès de ma Mère,
Je veux ici laisser mon cœur.

CHOEUR :

Je pars, adieu Mère chérie,
Adieu ma joie et mes amours;
Toujours je t'aimerai Marie;
Marie, je t'aimerai toujours. (*bis*)

J'avais le cœur si plein de larmes
Quand j'approchai de ton autel ;
Mais tu mis fin à mes alarmes
Par un seul regard maternel.

J'ai retrouvé de l'espérance
Sitôt que je fus devant toi ;
Ton cœur, toujours plein de clémence,
Au cœur de Dieu parla pour moi.

Tu répondis à ma prière
Par un regard du haut des Cieux ;
Et tu m'as dit : Je suis ta Mère,
Toujours sur toi j'aurai les yeux.

Ah ! je voudrais, Vierge fidèle,
Rester toujours a tes genoux,
Jusqu'à ce que la mort m'appelle :
Mourir ici serait si doux !

88. REFRAIN DU JEUNE EXILÉ.

LE CHOEUR.

Le Ciel est ma patrie
Je suis du peuple des élus
Mon frère s'appelle Jésus
Et ma mère , Marie.

Quoi ! le nom de Marie , est le nom
(de ta mère
Jeune enfant, c'est au ciel que tu verras
(le jour.
A quel titre oses-tu nommer Jésus ton
(frère ?
Qui t'inspire ces chants d'espérance et
(d'amour !
Le Ciel est ma patrie , etc.

Ecoute mon enfant, un livre qu'on
(révère ,
Où Dieu parle lui-même et vous donne
(sa loi,
De ma noble origine éclairant le mys-
(tère ;
Un jour j'y lus ces mots : Mon fils, con-
(sole-toi.

Jésus est mon ami ; dans une étable
(obscure
Pauvre, ignoré, souffrant, il naquit
(autrefois ;
Le fils de l'Eternel, revêtant ma nature,
M'adopta pour son frère et me transmit
(ses droits.

Oui, Jésus se plaisait à m'appeler son
(frère ;
Sa mère souriait et me nommait son fils ;
Qu'ils m'aimaient tous les deux ! ! !
(Voyez-vous ce calvaire,
Il vous apprend lui seul à quel titre je
(dis :

Avant de consommer son douloureux
(mystère,
Jésus voulut me faire un don digne de lui ;
N'ayant plus d'autre bien, il me donna
(sa mère :
Voilà, voilà pourquoi je répète aujour-
(d'hui :

Jésus meurt, mais des siens une foule
(assemblée
Le vit un jour au ciel s'élever triom-
(phant :

Bientôt après Marie est appelée,
Et moi je reste seul! je reste seul, et ce-
(pendant :

Ah ! quand viendra le jour où loin de
(cette terre,
Aussi moi, vers le ciel je prendrai mon
(essor !
Jour heureux, hâte-toi ! viens m'unir à
(ma mère,
Viens m'unir à Jésus, et qu'auprès d'eux
(encor

Je chante en ma patrie, etc.

89. SOUVENIR.

CHOEUR.

Marie, ô tendre Mère !
Souvenez-vous de ta prière
Que je vous fis un jour,
Quand je vous donnai mon amour.
Souvenez-vous de ma prière,
Marie, ô ma tendre Mère !

Et moi, je n'oublirai jamais,
Auguste et sainte Reine,
Que vous avez brisé ma chaîne,

Qne vous m'avez rendu la paix.
     Marie, ò tendre, etc.

Et moi, je penserai toujours
     Que c'est à vous, Marie,
Qu'alors, et pour toute la vie
J'ai consacré lous mes amours.

Et moi, je nioublirai jamais
     Le serment qui me lie ;
Oui, que meure si j'oublie
Où mon amour ou vos bienfaits.

Et moi, je penseari toujours
     Qu'à jamais je vous aime.
Contre l'enfer, contre moi-même
A vous seule j'aurai recours.

FIN DES CANTIQUES.

Vêpres du Dimanche.

PSAUME 109.

DIXIT Dominus Domino meo ; * Sede à dextris meis :

Donec ponam inimicos tuos , * scabellum pedum tuorum.

Virgam virtutis tuæ emittet Dominus ex Sion :* dominare in medio inimicorum tuorum.

Tecum principium in die virtutis tuæ in splendoribus sanctorum : * ex utero ante luciferum genui te.

Juravit Dominus, et non pœnitebit eum : * Tu es sacerdos in æternum secundum ordinem Melchisedech.

Dominus à dextris tuis , * confregit in die iræ suæ reges.

Judicabit in nationibus, implebit ruinas : * conquassabit capita in terra multorum.

De torrente in via bibet : * propterea exaltabit caput.

PSAUME 110.

CONFITEBOR tibi, Domine, in toto code meo :* in consilio justorum , et congregatione.

Magna opera Domini :* exquisita in omnes voluntates ejus.

Confessio et magnificentia opus ejus : * et justitia ejus manet in sæculum sæculi.

Memoriam fecit mirabilium suorum, misericors et miserator Dominus : * escam dedit timentibus se.

Memor erit in sæculum testamenti suî : * virtutem operum suorum annuntiabit populo suo. :

Ut det illis hæreditatem Gentium : * opera manuum ejus veritas et judicium.

Fidelia omnia mandata ejus, confirmata in sæculum sæculi , * facta in veritate et æquitate.

Redemptionem misit populo suo : * mandavit

In æternum testamentum suum.

Sanctum et terribile nomen ejus; * initium sapientiæ timor Domini.

℣ Intellectus bonus omnibus facientibus eum : laudatio ejus manet in sæculum sæculi.

PSAUME 111.

BEATUS vir, qui timet Dominum : * in mandatis ejus volet nimis.

Potens in terra erit semen ejus, * et justitia ejus manet in sæculum sæculi.

Gloria et divitiæ in domo ejus, * et justitia ejus manet in sæculum sæculi.

Exortum est in tenebris lumen rectis : * misericors, et miserator, et justus.

Jucundus homo, qui miseretur et commodat, disponet sermones tuos in judicio : * quia in æternum non commovebitur.

In memoria æterna erit justus : * ab auditione mala non timebit.

Paratum cor ejus sperare in Domino, confir-matum est cor ejus : * non commovebitur donec despiciat inimicos suos.

Dispersit, dedit pauperibus : justitia ejus manet in sæculum sæculi : * cornu ejus exaltabitur in gloria.

Peccator videbit, et irascetur, dentibus suis fremet et tabescet : * desiderium peccatorum peribit.

PSAUME 112.

LAUDATE, pueri, Dominum : * laudate nomen Domini.

Sit nomen Domini benedictum, * ex hoc nunc et usque in sæculum.

A solis ortu usque ad occasum, * laudabile nomen Domini.

Excelsus super omnes gentes Dominus, * et super cœlos gloria ejus.

Quis sicut Dominus Deus noster, qui in altis habitat, * et humilia respicit in cœlo et in terra?

Suscitans à terra inopem, * et de stercore erigens pauperem :

Ut collocet eum cum principibus. * cum principibus populi sui.

Qui habitare facit sterilem in domo, * matrem filiorum lætantem.

PSAUME 113.

IN exitu Israel de Ægypto, * domûs Jacob de populo barbaro :

Facta est Judæa sanctificatio ejus, * Israel potestas ejus.

Mare vidit, et fugit : * Jordanis conversus est retrorsum ?

Montes exultaverunt ut arietes : * et colles sicut agni ovium.

Quid est tibi, mare ? quood fugisti ? * et tu, Jordanis, quia conversus es retrorsum ?

Montes, exultastis sicut arietes ? * et colles, sicut agni ovium ?

A facie Domini mota est terra, * à facie Dei Jacob.

Qui convertit petram in stagna aquarum, * et rupem in fontes aquarum.

Non nobis, Dómine, non nobis, * sed nomini tuo da gloriam :

Super misericordia tua, et veritate tua : * ne quando dicant Gentes : Ubi est Deus eorum ?

Deus autem noster in cœlo : * omnia quæcumque voluit, fecit.

Simulacra Gentium argentum et aurum, * opera manuum hominum.

Os habent, et non loquentur; * oculos habent, et non videbunt.

Aures habent, et non audient : * nares habent et non odorabunt.

Manus habent, et non palpabunt : pedes habent, et non ambulabunt : * non clamabunt in gutture suo.

Similes illis fiant qui faciunt ea : * et omnes qui confidunt in eis.

Domus Israel speravit in Domino : * adjutor eorum, et protector eorum est.

Domus Aaron speravit in Domino : * adjutor eorum, et protector eorum est.

Qui timent Dominum, speraverunt in Domino : * adjutor eorum, et protector eorum est.

Dominus memor fuit nostri, * et benedixit nobis.

Benedixit domui Israel : * benedixit domui Aaron.

Benedixit omnibus, qui timent Dominum, * pusillis cum majoribus.

Adjiciat Dominus super nos : * super vos, et super filios vestros.

Benedicti vos à Domino, * qui fecit cœlum et terram.

Cœlum cœli Domino : * terram autem dedit filiis hominum.

Non mortui laudabunt te, Domine : * neque omnes, qui descendunt in infernum.

Sed nos, qui vivimus, benedicimus Domino, * ex hoc nunc et usque in sæculum.

CANTIQUE DE LA S. VIERGE.

MAGNIFICAT * anima mea Dominum :

Et exaltavit spiritus meus * in Deo salutari meo.

Quia respexit humilitatem ancillæ suæ : * ecce enim ex hoc beatam me dicent omnes generationes.

Quia fecit mihi magna qui potens est : * et sanctum nomen ejus.

Et misericordia ejus à progenie in progenies * timentibus eum.

Fecit potentiam in brachio suo : * dispersit superbos mente cordis sui.

Deposuit potentes de sede, * et exaltavit humiles.

Esurientes implevit bonis, * et divites dimisit inanes.

Suscepit Israel puerum suum, et recordatus misericordiæ suæ.

Sicut locutus est ad patres nostros, * Abraham, et semini ejus in sæcula.

VÊPRES DE LA SAINTE VIERGE.

DIXIT Dominus, *p.* 160.

LAUDATE, *p.* 161.

PSAUME 131.

LÆTATUS sum in his, quæ dicta sunt mihi : * in domum Domini ibimus.

Stantes erant pedes nostri, * iu atriis tuis, Jerusalem.

Jerusalem, quæ ædificatur ut civitas · * cujus participatio ejus in idipsum.

Illuc enim ascenderunt tribus, tribus Domini, * testimonium Israel, ad confitendum nomini Domini.

Quia illic sederunt sedes in judicio : * sedes super domum David.

Rogate quæ ad pacem sunt Jerusalem, * et abundantia diligentibust te.

Fiat pax in virtute tua :* et abundantia in turribus tuis.

Proptrer fratres meos, et proximos meos , * loquebar pacem de te.

Propter domum Domi-Dei nostri, * quæsivi bona tibi.

PSAUME 126.

Nisi Dominns ædificaverit domum, * in vanum laboraverunt qui ædificant eam.

Nisi Dominus custodierit civitatem, * frustra vigilat qui custodit eam.

Vanum est vobis ante lucem surgere : * surgite postquam sederitis, qui

manducatis panem doloris.

Cùm dederit dilectis suis somnum : * ecce hæreditas Domini, filii : merces, fructus ventris.

Sicut sagittæ in manu potentis, * ita filii excussorum.

Beatus vir qui implevit desiderium suum ex ipsis : non confundetur cùm loquetur inimicis suis in porta.

PSAUME 127.

Lauda, Jerusalem, Dominum : * lauda Deum tuum, Sion.

Quoniam confortavit seras portarum tuarum :* benedixit filiis tuis in te.

Qui posuit fines tuos pacem : * et adipe frumenti satiat te.

Qui emittit eloquium suum terræ : * velociter currit sermo ejus.

Qui dat nivem sicut lanam : * nebulam sicut cinerem spargit.

Mittit crystallum suam sicut buccellas : * ante faciem frigoris ejus quis sustinebit ?

Emittet verbum suum, et liquefaciet ea : *

flabit spiritus ejus, et fluent aquæ.

Qui annuntiat verbum suum Jacob, * justitias et judicia sua Israel.

Non fecit taliter omni nationi : * et judicia sua non manifestavit eis.

HYMNE.

Ave, maris stella,
Dei mater alma,
Atque semper virgo,
Felix cœli porta.

Sumens illud Ave
Gabrielis ore,
Funda nos in pace ;
Mutans Evæ nomen.

Solve vincla reis,
Profer lumen cæcis,
Mala nostra pelle,

Bona cuncta posce.

Monstra te esse matrem,
Sumat per te preces
Qui pro nobis natus,
Tulit esse tuus.

Virgo singularis,
Inter omnes mitis,
Non culpis solutos
Mites fac et castos.

Vitam præsta puram,
Iter para tutum,
Ut videntes Jesum
Semper collætemur.

Sit laus Deo Patri,
Summo Christo decus,
Spiritui Sancto,
Tribus honor unus.
Amen.

Magnificat, p. 163.

HYMNES & ANTIENNES AU S. SACREMENT.

Tantum ergo Sacramentum
Veneremur cernui ;
Et antiquum documentum
Novo cedat ritui ;
Præstet fides supplementum
Sensuum defectui.

Genitori, Genitoque
Laus et jubilatio,
Salus, honor, virtus quoque,
Sit et benedictio ;
Procedenti ab utroque
Compar sit laudatio.

Amen.

O salutaris hostia
Quæ cœli pandis ostium
Bella premunt hostilia
Da robur fer auxilium.

Qui carne nos pascis tua
Sit laus tibi pastor bone,
Cum Patre, cumque Spiritu
In sempiterna sæcula.

O sacrum convivium, in quo Christus sumitur; recolitur memoria passio-nis ejus; mens impletur gratia; et futuræ gloriæ nobis pignus datur. Alleluia.

Adoremus in æternum sanctissimum sacramentum.

Laudate Dominum, omnes gentes; laudate eum, omnes populi.

Quoniam confirmata est super nos misericordia ejus, et veritas Domini manet in æternum.

Adoro te supplex, latens Deitas,
Quæ sub his figuris vere latitas!
Tibi se cor meum totum subjicit,
Quia te contemplans totum deficit.
Jesu, quem velatum nunc aspicio,
Oro, fiat illud quod tam sitio,
Ut, te revelata cernens facie,
Visu sim beatus tuæ gloriæ.

Sacris solemniis juncta sint gaudia;
Et ex præcordiis sonent præconia:
Recedant vetera, nova sint omnia,
Corda, voces et opera
Panis angelicus fit panis hominum;
Dat panis cœlicus figuris terminum,
O res mirabilis! manducat Dominum

Pauper, servus et humilis.
Te, trina Deitas unaque, poscimus,
Sic nos tu visitas sicut te colimus :
Per tuas semitas duc nos, quo tendimus,
Ad lucem quam inhabitas.

Ecce panis angelorum ,
Factus cibus viatorum ,
Vere panis filiorum ,
Non mittendus canibus.

Bone pastor, panis vere ,
Jesu , nostri miserere ;
Tu nos pasce , nos tuere ,
Tu nos bona fac videre
In terra viventium.

Tu qui cuncta scis et vales ,
Qui nos pascis hic mortales ,
Tuos ibi commensales ,
Cohœredes et sodales
Fac sanctorum civium.
Amen.

Quid retribuam Domino pro omnibus
quæ retribuit mihi ?
Calicem salutaris accipiam, et nomen
Domini invocabo.
Dirupisti vincula mea : tibi sacrificabo
hostiam laudis.

HYMNES & ANTIENNES A LA SAINTE VIERGE.

O gloriosa Domina
Excelsa super sidera !
Qui te creavit parvulum
Lactente nutris ubere.

Quod Eva tristis abstulit ,
Tu reddis almo germine ;
Intrent ut astra flebiles,
Cœli recludis cardines.

Tu Regis alti janua ,
Et aula lucis fulgida :
Vitam datam per Virginem,
Gentes redemptæ, plaudite.

Maria , Mater gratiæ ,
Mater misericordiæ ,
Tu nos ab hoste protege
Et hora mortis suscipe.

SALVE, Regina , mater misericordiæ , vita , dulcedo et spes nostra , salve. Ad te clamamus exules filii Evæ. Ad te suspiramus gementes et flentes in hac lacrymarum valle. Eia ergo, advocata nostra , illos tuos misericordes oculos ad nos converte. Et Je-

SALUT, ô Reine, mère de miséricorde, notre vie, notre joie et notre espérance ! Enfants d'Eve, malheureux exilés , nous élevons nos cris vers vous , gémissant et pleurant dans cette vallée de larmes Oh ! de grâce , notre avocate, tournez donc vers nous vos regards miséricordieux ; et après

sum benedictum fructum ventris tui nobis post hoc exilium ostende. O clemens, ô pia, ô dulcis virgo Maria!

cet exil, montrez-nous Jésus, le fruit béni de vos entrailles. O clémente, ô charitable, ô douce Vierge!

Sub tuum præsidium confugimus, sancta Dei Genitrix; nostras deprecationes ne despicias in necessitatibus nostris; sed à periculis cunctis libera nos semper, Virgo gloriosa et benedicta.

Sainte Marie, mère de Dieu, nous recourons à votre protection comme à notre asile; ne méprisez pas nos prières dans nos pressants besoins; mais délivrez-nous toujours, par votre intercession, de tous les péchés, ô Vierge pleine de gloire et de bénédiction.

Stabat mater dolorosa Juxta crucem lacrymosa Dum pendebat Filius.

Sancta mater istud agas Crucifixi fige plagas Cordi meo valide.

O sanctissima, ô piissima Dulcis virgo Maria!

Mater amata, intemerata Ora, ora pro nobis.

EXPOSITION SOMMAIRE

DE

La Doctrine Chrétienne.

§ 1. DE DIEU.

Qui vous a créé et conservé jusqu'à présent ? — C'est Dieu qui m'a créé et qui me conserve.

Pourquoi Dieu vous a-t-il créé, et pourquoi vous conserve-t-il ? — Dieu m'a créé et me conserve pour le connaître, l'aimer, le servir, et par ce moyen, acquérir la vie éternelle.

Qu'est-ce que Dieu ? — Dieu est un Esprit éternel, infini, tout-puissant, qui voit tout, et qui a fait toutes choses de rien.

Pourquoi dites-vous que Dieu est un Esprit ? — Parce que Dieu n'a ni corps, ni figure, ni couleur, et qu'il ne peut tomber sous les sens.

Pourquoi dites-vous que Dieu est éternel ? — Parce que Dieu n'a point eu de commencement, et qu'il n'aura point de fin.

Pourquoi dites-vous que Dieu est infini?
— Parce que Dieu possède toutes les perfections.

Pourquoi dites-vous que Dieu voit tout?
— Parce que Dieu voit tout ensemble, le présent, le passé et l'avenir, jusqu'à nos plus secrètes pensées.

Où est Dieu? — Dieu est au ciel, sur la terre, en tous lieux.

§ 2. Du mystère de la très sainte Trinité.

Y a-t-il plusieurs Dieux? — Non : il n'y a qu'un seul Dieu.

Y a-t-il plusieurs personnes en Dieu?
— Oui : il y a trois personnes en Dieu : le Père, le Fils, et le Saint-Esprit; et c'est ce qu'on appelle la sainte Trinité.

Qu'est-ce que la sainte Trinité? — La sainte Trinité est un seul Dieu en trois personnes.

Quelle est la première personne de la sainte Trinité? — La première personne de la sainte Trinité est le Père.

Quelle est la seconde personne de la sainte Trinité? — La seconde personne de la sainte Trinité est le Fils.

Quelle est la troisième personne de la

sainte Trinité ? — La troisième personne de la sainte Trinité est le Saint-Esprit.

Le Père est-il Dieu ? — Oui : le Père est Dieu.

Le Fils est-il Dieu ? — Oui : le Fils est Dieu.

Le Saint-Esprit est-il Dieu ? — Oui : le Saint-Esprit est Dieu.

Le Père, le Fils, le Saint-Esprit, sont-ils trois Dieux ? — Non : ces trois personnes ne sont qu'un seul et même Dieu.

Pourquoi ces trois personnes ne sont-elles qu'un seul et même Dieu ? — Parce que ces trois personnes n'ont qu'une seule et même nature, et une seule et même divinité.

Y a-t-il une des trois personnes plus grande, plus ancienne, ou plus puissante que les autres ? — Non : ces trois personnes sont égales en toutes choses.

Ces trois personnes sont-elles distinguées entre elles ? — Oui : ces trois personnes sont distinguées entre elles, c'est-à-dire que l'une n'est pas l'autre.

§ 5 DU MYSTÈRE DE L'INCARNATION.

Y a-t-il une des trois personnes de la sainte Trinité qui se soit faite homme ? —

Oui : une des personnes de la sainte Trinité s'est faite homme ?

Laquelle des trois personnes de la sainte Trinité s'est faite homme ? — C'est Dieu le Fils, la seconde personne de la sainte Trinité.

Comment le Fils de Dieu s'est-il fait homme ? — Le Fils de Dieu s'est fait homme en prenant un corps et une âme semblables aux nôtres.

Où est-ce que le Fils de Dieu a pris ce corps et cette âme ? — Le Fils de Dieu a pris ce corps et cette âme dans le sein de la très sainte Vierge Marie, par l'opération du Saint-Esprit.

Le Fils de Dieu en se faisant homme a-t-il cessé d'être Dieu ? — Non : le Fils de Dieu est Dieu et homme tout ensemble.

Pourquoi le Fils de Dieu s'est-il fait homme ? — Le Fils de Dieu s'est fait homme pour nous racheter de l'esclavage du péché et des peines de l'Enfer, et nous mériter la vie éternelle.

Comment s'appelle le Fils de Dieu fait homme ? — Le Fils de Dieu fait homme s'appelle Jésus-Christ.

Qu'est-ce que Jésus-Christ ? — Jésus-Christ est le Fils de Dieu fait homme.

Comment Jésus-Christ, le Fils de Dieu fait homme, nous a-t-il rachetés ? — Jésus-Christ nous a rachetés en mourant pour nous sur une croix.

Jésus-Christ est-il demeuré parmi les morts ? — Non : Jésus-Christ est ressuscité le troisième jour après sa mort.

Jésus-Christ est-il resté longtemps sur la terre après sa résurrection ? — Jésus-Christ est resté sur la terre quarante jours après sa résurrection, après lesquels il est monté au Ciel.

Jésus-Christ reviendra-t-il sur la terre ? — Oui : Jésus-Christ reviendra sur la terre à la fin du monde, pour juger les vivants et les morts.

Quel jugement prononcera notre Seigneur Jésus-Christ ? — Jésus-Christ donnera son paradis aux bons, et condamnera les méchants à l'Enfer.

§ 4. DE L'EGLISE.

A qui Jésus-Christ a-t-il confié l'autorité et le soin d'enseigner sa Doctrine et de conduire les hommes dans les voies du salut ? — Jésus-Christ les a confiés aux légitimes pasteurs de son Eglise.

Qu'est-ce que l'Eglise ? — L'Eglise est la société des fidèles répandus sur toute la terre, et soumis aux légitimes pasteurs.

Quels sont les pasteurs légitimes de l'Eglise ? — Ce sont le Pape, les Evêques et les prêtres sous leur autorité.

Y a-t-il plusieurs Eglises ? — Non : il n'y a qu'une seule et véritable Eglise de Jésus-Christ, hors de laquelle on ne peut-être sauvé.

Quelle est la véritable Eglise ? — L'Eglise catholique, apostolique et romaine, est la véritable Eglise de Jésus-Christ.

Quel est le chef de l'Eglise ? — Jésus-Christ en est le chef invisible, et le Pape en est le chef visible.

L'Eglise est-elle infaillible dans ce qu'elle mous enseigne ? — Oui : parce qu'elle est toujours conduite par le Saint-Esprit.

Quel est le péché de ceux qui résistent aux décisions de l'Eglise et à l'autorité de ses pasteurs ? — C'est un péché de témérité, d'orgueil, de désobéissance ; le péché des hérétiques et des schismatiques de tous les siècles, qui conduit or-

dinairement à l'aveuglement, à l'endur-
cissement et à la damnation éternelle.

§ 5. DU SYMBOLE.

*Que faut-il faire pour mériter le Pa-
radis ?* — Il faut vivre en bon Chrétien.

Q'uest-ce qu'un bon Chrétien? — Le bon
Chrétien est celui qui, étant baptisé,
croit les vérités que Dieu nous a révélées,
et qui observe ses commandements.

*Où sont contenues les vérités que Dieu
nous a révélées ?* — Elles sont contenues
en abrégé dans le Symbole des Apôtres:
Je crois en Dieu, p. 4.

*Croyez-vous tout ce qui est contenu
dans le Symbole?* — Oui : je le crois par
la foi que Dieu m'a donnée en me faisant
Chrétien.

§. 6. DU SIGNE DU CHRÉTIEN.

Quel est le signe du Chrétien? — C'est le
signe de la Croix.

Comment se fait le signe de la Croix?
— En portant la main droite au front,
puis à l'estomac, de là à l'épaule gauche,
et ensuite à la droite, en disant : Au nom
du Père, et du Fils, et du Saint-Esprit,
Ainsi soit-il.

Que nous rappelle le signe de la Croix?

—Il nous rappelle le mystère de la sainte Trinité, et le mystère de la rédemption des hommes.

Comment le signe de la Croix nous rappelle-t-il le mystère de la sainte Trinité? — Par l'invocation que nous faisons du Père, du Fils et du Saint-Esprit.

Comment le signe de la Croix nous rappelle-t-il le mystère de la rédemption des hommes? — Par la figure que nous formons sur nous de la Croix, sur laquelle Jésus-Christ nous a rachetés.

Quand faut-il faire le signe de la Croix? — Il faut le faire au commencement de ses prières et de ses actions, et quand on est tenté d'offenser Dieu.

Pourquoi faut-il faire le signe de la Croix au commencement de ses prières et de ses actions? — Pour les offrir à Dieu, et lui demander la grâce de les bien faire.

Pourquoi faut-il faire le signe de la Croix lorsqu'on est tenté d'offenser Dieu? — Pour demander à Dieu la grâce de ne pas succomber à la tentation.

§. 7. DES COMMANDEMENTS DE DIEU ET DE L'ÉGLISE.

Combien y a-t-il de Commandements de Dieu? — Il y en a dix : savoir :   8.

Un seul Dieu tu adoreras, etc., p. 4.

A quoi se réduisent les Commande-ments de Dieu ? — Ils se réduisent à aimer Dieu de tout notre cœur, et le prochain comme nous-mêmes.

Ne faut-il pas aussi observer les commandements de l'Église ? — Oui : il le faut, parce que Dieu nous l'ordonne.

Récitez les Commandements de l'Église.

Les Fêtes tu sanctifieras, etc., p. 5.

§. 8. DE LA GRACE ET DE LA PRIÈRE.

Pouvons-nous de nous-mêmes observer comme il faut les Commandements de Dieu ? — Non : nous avons besoin, pour les observer, de la grâce de Dieu, qui nous est donnée par les mérites de Jésus-Christ.

Comment pouvons-nous obtenir la grâce de Dieu ? — Par la prière et par les sacrements.

Quelle est la meilleure de toutes les prières ? — C'est l'Oraison Dominicale, c'est-à-dire, celle que notre Seigneur Jésus-Christ nous a enseignée. Savoir :

Notre Père, etc., p. 3.

Quelle est la seconde prière que tout

Chrétien doit savoir? — La Salutation Angélique, par laquelle nous invoquons la sainte Vierge Mère de Dieu. Savoir :

Je vous salue, etc., p. 3.

§ 9. DU PÉCHÉ.

Qu'est-ce que le Péché? — Le péché est une désobéissance à la loi de Dieu.

Combien y a-t-il de sortes de Péchés? — Il y en a deux sortes, le péché originel et le péché actuel.

Qu'est-ce que le Péché originel? — Le péché originel est celui que nous avons contracté par la désobéissance d'Adam.

Qu'est-ce que le Péché actuel? — Le péché actuel est celui que nous commettons par notre propre volonté.

Combien y a-t-il de sortes de Péchés actuels? — Il y en a deux sortes, le péché mortel et le péché véniel.

Qu'est-ce que le Péché mortel? — Le péché mortel est celui qui fait perdre la grâce sanctifiante, nous rend ennemis de Dieu, dignes des peines de l'Enfer.

Combien faut-il de Péchés mortels pour aller en Enfer? — Un suffit, si on meurt sans en avoir obtenu le pardon.

Qu'est-ce que le Péché véniel? — Le

péché véniel est celui qui affaiblit en nous la vie de la grâce.

En combien de manières peut-on pé-cher ou mortellement ou véniellement?

En cinq manières : par pensées, par désirs, par paroles, par actions et par omissions.

Combien y a-t-il de Péchés capitaux? —Il y a sept péchés capitaux : l'orgueil, l'avarice, la luxure, l'envie, la gourman-dise, la colère et la paresse.

§ 40. DES VERTUS THÉOLOGALES.

Quelles sont les principales vertus d'un Chrétien? — Les vertus théologales, la Foi, l'Espérance et la Charité.

Qu'est-ce que la Foi? — La Foi est un don de Dieu par lequel nous croyons en lui et à tout ce qu'il a révélé à son Eglise.

Qu'est-ce que l'Espérance? — L'Espé-rance est un don de Dieu qui nous fait attendre avec une ferme confiance les biens qu'il nous a promis.

Qu'est-ce que la Charité? — La cha-rité est un don de Dieu par lequel nous aimons Dieu par-dessus toutes choses, et le prochain comme nous-mêmes par rapport à Dieu.

Devons-nous souvent faire des actes de Foi, d'Espérance et de Charité ?— Oui : car ces vertus sont le fondement de la piété chrétienne.

Faites des actes de Foi, d'Espérance et de Charité ? — Acte de Foi. *Dieu du ciel et de la terre*, etc., p. 37.

§ 11. DES SACREMENTS.

Qu'est-ce que les Sacrements ? — Les sacrements sont des signes sensibles que Jésus-Christ a institués pour nous sanctifier.

Combien y a-t-il de Sacrements ? — Il y en a sept : le baptême, la confirmation, l'eucharistie, la pénitence, l'extrême-onction, l'ordre et le mariage.

Qu'est-ce que le Baptême ? — Le baptême est un sacrement qui efface en nous le péché originel, nous fait Chrétiens, et nous rend enfants de Dieu et de l'Église.

Qu'est-ce que la Confirmation ? — La confirmation est un sacrement qui nous donne le Saint-Esprit avec l'abondance de ses grâces, pour nous rendre parfaits Chrétiens.

Qu'est-ce que l'Eucharistie ? — L'eucharistie est un sacrement qui contient réellement et en vérité le corps, le sang, l'âme et la divinité de notre Seigneur Jésus-Christ, sous les espèces ou apparences du pain et du vin.

Qu'est-ce que le sacrement de Pénitence? — Le sacrement de pénitence est un sacrement qui remet les péchés commis après le baptême.

Qu'est-ce que l'Extrême-Onction? — L'extrême-onction est un sacrement institué pour le soulagement spirituel et même corporel des malades.

Qu'est-ce que le sacrement de l'Ordre? — Le sacrement de l'ordre est un sacrement qui donne le pouvoir de faire les fonctions ecclésiatiques, et la grâce pour les exercer saintement.

Qu'est-ce que le sacrement de mariage? — Le sacrement de mariage est un sacrement établi pour sanctifier l'union légitime de l'homme et de la femme.

§ 12. DE LA CONFESSION.

Qu'est-ce que la Confession? — La confession est une accusation de tous les péchés que l'on a commis, faite à un prêtre approuvé, pour en recevoir l'absolution.

Que faut-il faire pour bien se confesser?
— Il faut 1° examiner exactement sa conscience ; 2° s'exciter de tout son cœur à la contrition de ses péchés ; 3° les accuser tous , leur nombre et leurs circonstances notables , sans en cacher ni en affaiblir aucun.

Comment faut-il se confesser? —Il faut 1° se mettre à genoux, prendre le maintien d'un coupable et d'un suppliant ; 2° faire le signe de la Croix et dire au prêtre: *Bénissez-moi , mon Père , parce que j'ai péché* ; 3° réciter dévotement le *Confiteor* ou le *Je confesse à Dieu* jusqu'à *meâ culpâ , c'est ma faute ;* 4° dire depuis quel temps on ne s'est pas confessé ; si on a reçu l'absolution , si on a accompli la pénitence ; 5° déclarer tous ses péchés, tels que la conscience les reproche, leur nombre, leurs circonstances, sans artifice ni déguisement.

Que faut-il faire après qu'on a déclaré tous ses péchés ? — Il faut 1° dire au prêtre : *Je m'accuse de tous ces péchés et de tous ceux dont je ne me souviens pas , et de tous ceux de ma vie passée : j'en demande humblement pardon à Dieu, et à* vous mon *Père*, *la pénitence*, *et*, *si vous le jugez à propos*, *l'absolution*; 2° *se frapper trois fois la poitrine*, *en récitant avec componction ces mots* : *Par ma faute*, *par ma faute*, *par ma très grande faute*, *ou meâ culpâ*; *etc.*, *et achever le Confiteor*, ou le *Je confesse à Dieu*.

Comment doit-on ensuite se comporter?

Il faut 1° répondre avec sincérité et franchise aux interrogations du confesseur; 2° écouter avec docilité ses avis, comme si Jésus-Christ lui-même parlait; 3° accepter la pénitence qu'il impose et qui est toujours très inférieure à celle qu'on mérite; 4° se soumettre à son jugement, soit qu'il accorde, soit qu'il diffère l'absolution.

Lorsque le prêtre donne l'absolution, comment faut-il la recevoir? — Avec de grands sentiments de foi, de contrition, de reconnaissance et d'amour envers un Dieu si compatissant et si miséricordieux. A cette fin on récite, encore plus du fond de son cœur que de la bouche, l'acte de contrition.

Acte de Contrition.

Mon Dieu, mon Père, j'ai un extrême

regret de vous avoir offensé, parce que vous êtes infiniment bon et que le péché vous déplaît; pardonnez-moi mes péchés par les mérites de Jésus-Christ mon Sauveur; je me propose, moyennant votre sainte grâce, de n'y plus retomber et d'en faire une véritable pénitence.

Que faut-il faire après la Confession ? — 1° Remercier Dieu de la grâce qu'on a reçue; 2° repasser dans sa mémoire les avis du confesseur, et promettre à Dieu d'y être fidèle; 3° accomplir la pénitence imposée par le confesseur; 4° renouveler le ferme propos de mener une meilleure vie.

Quelle serait la faute de celui qui cacherait ou omettrait quelque péché mortel, ou quelque circonstance notable, volontairement ou faute de s'examiner? — Ce serait un grand péché, qui rendrait la confession nulle et sacrilége.

Celui qui confesserait ses péchés sans en avoir une véritable contrition, en obtiendrait-il le pardon? — Non : Dieu ne pardonne pas à celui qui ne revient pas à lui sincèrement, et ne déteste pas son péché de tout son cœur.

§ 13. DE LA COMMUNION.

Qu'est-ce que communier ? — Communier c'est recevoir le sacrement de l'Eucharistie.

Que reçoit-on dans l'Eucharistie ? — On reçoit dans l'Eucharistie le corps, le sang, l'âme et la divinité de notre Seigneur Jésus-Christ.

Doit-on désirer de communier ? — Oui: à cause des excellents effets que la communion produit en nous.

Quels sont ces effets ? — 1° La sainte communion nous unit intimement avec Jésus-Christ ; 2° elle affaiblit notre penchant au mal ; 3° elle augmente en nous la vie de la grâce ; 4° elle est pour nous le principe de la résurrection glorieuse et le gage de la vie éternelle.

Doit-on se préparer avec un grand soin à la sainte Communion ? — Oui : puisqu'il s'agit de recevoir Jésus-Christ, notre Dieu, notre Sauveur, notre souverain bien.

Quelles sont les dispositions nécessaires pour bien communier ? — Il y en a qui regardent l'âme, d'autres qui regardent le corps.

Quelles sont les dispositions de l'âme ?
— La pureté de la conscience et la dévotion du cœur.

Quelles sont les dispositions du corps ?
— 1° Etre à jeun depuis minuit ; 2° être habillé décemment et modestement ; 3° témoigner, par son extérieur, un grand respect.

Quel est le péché de ceux qui communient indignement ? — Ceux qui communient en état de péché mortel, commettent un horrible sacrilége ; boivent et mangent leur propre condamnation.

PAROLES D'UN VÉNÉRABLE VIEILLARD.

Un vieillard vénérable se voyant environné d'enfants qui se pressaient autour de lui, leur dit ces paroles qu'ils n'oublièrent jamais : « Mes enfants, j'ai toujours remarqué : 1° que le travail du Dimanche n'a jamais enrichi ; 2° que le bien mal acquis jamais profité ; 3° que l'aumône jamais appauvri ; 4° que la prière du matin et du soir jamais retardé les travaux ; 5° enfin, qu'un enfant rebelle et libertin n'est jamais heureux. »

TABLE.

FIN DE LA TABLE.

www.ingramcontent.com/pod-product-compliance
Lightning Source LLC
Chambersburg PA
CBHW070404090426
42733CB00009B/1531